Lernkrimi Spanisch



# Desaparición en el camino de Santiago

Mario Martín Gijón
Iñaki Tarrés

Compact Verlag

**Bisher sind in dieser Reihe erschienen:**
■ Englisch, Französisch, Italienisch, Spanisch, Deutsch: A2
**In der Reihe Compact Lernkrimi sind erschienen:**
■ Englisch, Französisch, Italienisch, Spanisch: B1, B2
■ Englisch GB/US, Business English: B1, B2
■ Deutsch: B1
■ Sammelband Lernkrimi Englisch, Spanisch: B1/B2
**In der Reihe Compact Lernkrimi History sind erschienen:**
■ Englisch: B1, B2, Italienisch: B1
**In der Reihe Compact Lernthriller sind erschienen:**
■ Englisch: B1, B2, Spanisch: B1
**In der Reihe Compact Lernstory Mystery sind erschienen:**
■ Englisch: B1, B2
**In der Reihe Compact Lernkrimi Hörbuch sind erschienen:**
■ Englisch: B1, B2, Business English: B2
■ Französisch, Italienisch, Spanisch: B1
**In der Reihe Compact Lernkrimi Audio-Learning sind erschienen:**
■ Englisch: A2, B1
**In der Reihe Compact Lernkrimi Sprachkurs sind erschienen:**
■ Englisch: A1/A2
**Lernziele:** ■ Grundwortschatz, Grammatik (A2, B1)
■ Aufbauwortschatz, Konversation (B2)
**In der Reihe Compact Schüler-Lernkrimi sind erschienen:**
■ Englisch, Französisch, Spanisch, Latein, Deutsch, Mathematik, Physik, Chemie

**Weitere Titel sind in Vorbereitung.**


Chefredaktion: Dr. Angela Sendlinger
Redaktion: Paulina Palomino
Fachredaktion: Pablo Pino
Produktion: Wolfram Friedrich
Titelillustration: Karl Knospe
Typographischer Entwurf: Maria Seidel
Umschlaggestaltung: Carsten Abelbeck

ISBN 978-3-8174-7840-8
7278401

Besuchen Sie uns im Internet: www.compactverlag.de, www.lernkrimi.de

## Vorwort

Mit den neuen, spannenden Compact Kurzkrimis können Sie Ihre Spanischkenntnisse auf schnelle und einfache Weise vertiefen, auffrischen und überprüfen.
Die vier fesselnden Kurzkrimis sind ideal für geübte Anfänger und Wiedereinsteiger.
Jeder Krimi wird durch abwechslungsreiche und kurzweilige Übungen ergänzt, die das Lernen unterhaltsam und spannend machen.
Prüfen Sie Ihr Spanisch in Lückentexten, Zuordnungs- und Übersetzungsaufgaben, in Buchstabenspielen und Kreuzworträtseln!
Ob im Bus oder in der Bahn, im Wartezimmer, zu Hause oder in der Mittagspause – das Sprachtraining im handlichen Format bietet die ideale Trainingsmöglichkeit für zwischendurch.
Schreiben Sie die Lösungen einfach ins Buch!
Die richtigen Antworten sind in einem eigenen Lösungsteil am Ende des Buches zusammengefasst. Im Anhang befindet sich außerdem ein Glossar, in dem die schwierigsten Wörter übersetzt sind. Diese sind im Text kursiv markiert.

Und nun kann die Spannung beginnen ...

Viel Spaß und Erfolg!

Die Ereignisse und die handelnden Personen in diesem Buch sind frei erfunden. Etwaige Ähnlichkeiten mit tatsächlichen Ereignissen oder lebenden Personen wären rein zufällig und unbeabsichtigt.

## Inhalt



**Desaparición en el Camino de Santiago**
Sechs Freunde befinden sich auf dem Weg nach Santiago. Als sie einen kleinen Umweg zu einer Kapelle machen, ahnen sie noch nicht, dass dies ein Schritt mit ungeahnten Folgen ist.

**Verano porteño**
Vor dem Abflug nach Buenos Aires lernt Sabina einen attraktiven Mitpassagier kennen. Als dieser nicht im Flieger sitzt, ist sie beunruhigt. Sie begibt sich auf Spurensuche – und macht dabei eine ungeheuerliche Entdeckung.

**Crimen en el Teatro Romano de Mérida**
Die junge Schauspielerin Felisenda wurde vergiftet. Doch wer hatte einen Grund, sie zu töten? Ihre Familie ist verzweifelt und bittet Kommissar Márquez um Hilfe.

**37 treina y sietes**
Zufällig entdeckt Maela, dass in ihrer Stadt die Zahl 37 mit geheimen Botschaften verbunden ist. Sie will das Rätsel lösen – und begibt sich dabei selbst in Gefahr.

# DESAPARICIÓN EN EL CAMINO DE SANTIAGO

**Mario Martín Gijón**

## Capítulo 1: La excursión de fin de curso

Son las siete de la tarde de un día de julio en Galicia. Un grupo de jóvenes amigos camina por un *sendero*, donde un letrero señaliza que es un *tramo* del Camino de Santiago. Son Emilio, Virginia, Clara, Elsa, Gregorio y Roberto, un grupo de estudiantes de Historia. Para celebrar el final de sus estudios, hacen el Camino de Santiago.

–¡Qué suerte hemos tenido hasta ahora! –dice Virginia–. Llevamos cuatro días de camino y todavía no ha llovido. Esto en Galicia es casi increíble…

–¡Qué puede saber una madrileña sobre el clima de esta tierra! No llueve todo el año como creéis algunos. Simplemente no tenemos el calor insoportable que hace en el sur –responde Elsa.

–Todo tiene su lado bueno y su lado malo –dice Gregorio–. Sin tanta lluvia, no tendríamos este paisaje tan verde y tampoco estos bosques…

–Oye, Clara, ¿qué te pareció la iglesia de Santa María en Caldas de Reis? Yo no conocía esta iglesia. Una iglesia románica tan bien conservada en ese pueblo… –comenta Roberto, a quien no le gustan las discusiones entre Elsa y Virginia sobre temas tan aburridos como el tiempo.

–Pues sí, tienes razón, a mí me ha *sorprendido* también. No sé, hay una paz especial en esas iglesias, tan frescas, tan solitarias…

–Sí, una paz como la de una tumba –comenta Virginia.

–¿Qué pasa? ¿Ya *echas de menos* el estrés de Madrid? –pregunta Clara, un poco *enfadada*.

–Parece que Virginia hoy tiene ganas de discutir, nada le parece bien –comenta Elsa de mal humor.
–Tengamos paz, amigos –dice Emilio–, lo que tenemos que hacer es andar un poco más *deprisa* para llegar a Pontecesures, descansar bien y, mañana, ¡a Santiago!
–Oye, Emilio, yo también quiero llegar mañana a Santiago, pero ya vamos bastante rápido, yo no puedo ir más *deprisa* –protesta Elsa.
–¡A ver, la gallega, pensaba que estabas en mejor forma! –exclama Gregorio, en tono de *broma*.
Roberto, que ha estado *callado* un rato, de repente dice:
–Oídme, ¡tengo una idea! He escuchado de otros *peregrinos* que cerca de aquí hay una *ermita*, la Ermita das Ánimas. Es una pequeña *ermita* románica que está algo apartada del camino. Es poco conocida pero me han dicho que *vale la pena* visitarla. La *ermita* está *abandonada*, pero tiene unas pinturas románicas muy interesantes. ¿Os parece bien ir a verla y luego seguimos el camino? No importa si llegamos tarde a Pontecesures, allá no tendremos problemas para pasar la noche.
Sus compañeros se quedan al principio un poco *sorprendidos* por la idea y no saben qué decir. En algunas horas comenzará a atardecer y aún les quedan veinte kilómetros hasta Pontecesures, por lo que podría hacerse de noche antes de llegar.

ÜBUNG 1 !

*Übung 1: Bilden Sie den Plural der folgenden Wörter! Achten Sie auf die Akzentsetzung.*

| | |
|---|---|
| 1. el mejor ______________ | 2. el final ______________ |
| 3. la idea ______________ | 4. el atardecer ______________ |
| 5. el kilómetro ______________ | 6. el humor ______________ |

| | | | |
|---|---|---|---|
| 7. la joven | ______________ | 8. la paz | ______________ |
| 9. el tiempo | ______________ | 10. el día | ______________ |

–Oye, Roberto, no sé si es una buena idea lo que propones –dice Emilio–. Se nos va a hacer muy tarde, incluso quizás de noche...

–¿Y qué pasa? ¿Te da miedo andar de noche? –pregunta Roberto con *malicia*.

Emilio pone cara de *ofendido* y no contesta.

–Emilio tiene razón, además yo estoy bastante cansada –dice Elsa–. Ya habrá otra ocasión para ver esa *ermita*.

–¡Pues no sé cuándo! –responde Roberto–. Mañana llegaremos a Santiago, nos quedaremos dos días por las fiestas y luego nos volveremos todos, a Madrid o a donde sea... Es ahora o nunca.

–Oye, Roberto, ¿qué hay en esa *ermita* exactamente? –pregunta Gregorio con interés.

–Pues exactamente no lo sé. Son pinturas románicas, como dicen bien conservadas, pero que no son conocidas porque la *ermita* está dentro de una finca privada.

–¡Pues entonces no hay nada que hacer! –interviene Emilio–. Si es una finca privada no podemos entrar sin permiso. Incluso puede haber perros guardianes.

–Sí, que te van a morder, Emilio –dice Roberto.

–Y que te van romper los pantalones vaqueros de marca... –comenta Gregorio, a quien no le *cae bien* Emilio.

–¿Pero qué os pasa? –pregunta Virginia–. Emilio tiene razón. ¿Para qué nos vamos a meter en problemas? Además, Roberto, ¿por qué no nos hablaste antes de esa *ermita*?

–Es que... –comienza Roberto, sin saber muy bien qué decir–. ¡Me gustan las sorpresas!

–Hay sorpresas y sorpresas –dice Elisa–. Por una vez estoy de acuerdo con Virginia. Eso sería una *locura*. Pueden soltarnos los perros o incluso pueden *pegarnos un tiro* si piensan que somos ladrones y nos *encontramos con* algún loco.

–¡Una *locura*, una *locura*! ¡Menudos aventureros estáis hechos! Me *extraña* que no hayáis hecho el Camino de Santiago en coche o con guía turístico… –comenta Roberto, de mal humor.

–Yo creo que no perdemos nada por *acercarnos* con cuidado –dice Clara–. Está claro que somos turistas y no ladrones y, si se nos hace de noche, no hay problema, todos tenemos *linternas*. Si vemos que hay perros o alguien nos dice algo, nos volvemos y ya está. Y si no, pues vemos esa *ermita*, a ver si es tan interesante como dice Roberto.

–Creo que Clara tiene razón –apoya Gregorio–. No perdemos nada por *acercarnos*.

ÜBUNG 2 !

*Übung 2: Ergänzen Sie die folgenden Sätze mit der richtigen Form von* ***ser, estar*** *oder* ***haber****!*

1. Roberto ________ de mal humor.

2. Elsa ________ muy cansada.

3. Cerca del sendero ________ una ermita abandonada.

4. Emilio cree que puede ________ perros en la finca.

5. ¿Qué hora ________? ________ las siete y media.

6. La ermita ________ en una finca privada.

–Muy bien, entonces iremos Clara, Gregorio y yo –decide Roberto con una sonrisa de triunfo.

–Está bien… –comienza a decir Emilio.
–¡No, no! –le interrumpe Elsa–. Aquí hacemos todas las cosas en grupo. Nosotros vamos también. A ver si nos vais a tomar por *cobardes*.
–De acuerdo, perfecto –dice Gregorio–. A ver, Roberto, guíanos hacia esa *ermita*.
–Muy bien. Creo que hay que seguir por este camino –dice Roberto, echándose a andar.
Los amigos comienzan a andar por un *sendero* algo *pedregoso*, hasta llegar a una *valla* con un letrero que pone "Propiedad privada". Roberto, sin *dudarlo*, salta la *valla*, y Clara y Gregorio lo siguen. Virginia, Elsa y Emilio, tras pensarlo un poco, hacen lo mismo.
–¡Vaya por qué caminos nos llevas! Está todo lleno de *barro*… –protesta Elsa.
–Y comienza a hacerse de noche –comenta Emilio.
–Estamos cerca ya –dice Roberto.
*En efecto*, pocos minutos después ven una pequeña *ermita* gris, con las paredes *ennegrecidas* y el pórtico cubierto de *hierbas*.
–Aquí es –afirma Roberto.
–Desde luego, no sólo no es turístico, sino que me parece un poco *siniestro* –dice Elsa.
–No sé si me *apetece* entrar –dice Virginia.
–A mí, desde luego, no –afirma Emilio.
–Pues yo, ya que hemos llegado aquí, creo que hay que entrar –dice Clara.
Roberto, con *precaución*, se *acerca* a la puerta y la abre con cuidado. Entra, seguido de Gregorio y Clara. La *ermita* está muy oscura. Los tres encienden sus *linternas*.
–Ey, qué bien se te ve a la luz de la *linterna* –comenta Roberto dirigiéndose a Clara, que le sonríe.

Mientras, Gregorio dirige la *linterna* a las paredes.

–¡Mirad! ¡Es impresionante! –exclama y señala a la *cúpula*, cubierta de pinturas románicas que representan el Nacimiento de Jesús.

Clara saca su cámara y toma unas fotos con flash. De repente, escucha un *ruido extraño*.

–¿Qué ha sido eso? –pregunta, un poco *asustada*.

–¿El qué? –preguntan Gregorio y Roberto.

–¿No habéis oído un *ruido*?

–No, pero quizás es alguna rata –dice Gregorio–. En un sitio así no me *sorprendería*.

Clara pasea con la *linterna* y se dirige hacia el fondo de la *ermita*.

–¡Venid! –llama de repente–. Hay una escalera que baja hacia algún *sótano*.

–Podría ser una *cripta* –dice Gregorio.

–¿Bajamos? –pregunta Roberto.

–No sé si es buena idea, sólo podemos encontrar esqueletos, no es algo muy interesante –dice Gregorio.

–Quién sabe, quizás hay algún tesoro *escondido* –dice Clara.

Y, tras decir esto, Clara comienza a bajar la escalera. Roberto la sigue.

–Déjame a mí primero.

–No, ¿por qué? ¿Te crees más valiente que yo? No necesito que me protejan.

Clara *agarra* el *tirador* de la puerta e *intenta* abrirla, pero no puede. Gregorio y Roberto tiran de ella, sin resultado.

–Vaya, no se puede abrir, es imposible –dice Gregorio, desalentado.

Roberto y Gregorio vuelven a subir la escalera. Clara se queda pensativa. De repente, tira de la puerta y ésta se abre.

–Venid, entrad –dice Clara al tiempo que entra.

En ese momento la puerta se cierra y Clara *desaparece* de la vista de Gregorio y Roberto.

–¡Clara! –grita Roberto, que se lanza a la puerta, *intentando* abrirla– ¡No se puede abrir!

–Tenemos que buscar ayuda –dice Gregorio.

Gregorio y Roberto salen corriendo de la *ermita*. Emilio, Virginia y Elsa esperan, algo aburridos.

–¿Qué pasa? ¿Y dónde está Clara?

–Quedó *encerrada* en una *cripta*, hay que pedir ayuda.

–¡En una *cripta*! ¡Pobre, qué miedo! –exclama Emilio.

–Ya decía yo que no era buena idea… –comenta Virginia.

*Übung 3: Lesen Sie weiter und unterstreichen Sie die richtige Variante!*



–Bueno, ahora no hay (1.) a/que discutir, sino buscar ayuda. Y mejor si nos *damos prisa*, ya es (2.) casi/aún de noche.

En ese momento, oyen el galope (3.) de/donde unos caballos. A lo lejos ven unos *jinetes* (4.) sin/con la cabeza cubierta y con *antorchas* (5.) en/sobre las manos.

–¿Qué es eso? –pregunta Roberto.

–¡Vámonos (6.) para/de aquí! –grita Emilio, y echa a correr, seguido (7.) por/para Virginia y Elsa.

–No podemos dejar a Clara allí –dice Roberto.

–Creo que esos *jinetes* no traen buenas intenciones –dice Gregorio, un poco *asustado.*

En ese momento, uno de los *jinetes* dispara con una *ballesta* una flecha que se *clava* en un *pino* a unos metros de Roberto. Él y Gregorio echan a correr.

## Capítulo 2: La Santa Compaña

Afortunadamente para los estudiantes, los *jinetes* no los *persiguieron*, solamente querían *asustarlos*.

–¿Qué hacemos ahora?

–¡Tenemos que pedir ayuda! –grita Virginia–. ¡Qué miedo! ¿Quiénes serían esos *jinetes*?

–Yo voy a volver ahora mismo –dice Roberto–. No podemos dejar allí sola a Clara.

–No tiene sentido irse solo para allá, Roberto –dice Gregorio–. Vamos a buscar a la policía. Tiene que haber un pueblo por aquí cerca.

–Podríamos llamar por teléfono –dice Virginia–. Esperad un momento. Vaya… No me queda batería… ¿Quién más tiene móvil?

–Yo no lo tengo –dice Gregorio.

–Yo tampoco –dice Roberto–. Habíamos dicho que, si queríamos vivir como en la Edad Media, no era lógico traer los móviles.

–Sí, eso habíamos dicho –dice Elsa–. Ni móviles, ni ordenadores, ni nada que no pudieran llevar unos *peregrinos* antiguos. A mí no me pareció del todo bien, pero lo acepté.

–Claro, es que llevar móvil sería como hacer el camino en coche, ¿verdad? –pregunta Virginia con ironía.

–Yo pensé que esto nos iba a traer problemas, por eso yo también he traído mi móvil –dice Emilio, sacando su móvil con una sonrisa de triunfo–. Voy a llamar ahora mismo a la policía.

–¡Emilio sí que es un chico inteligente, y no vosotros con vuestras fantasías medievales! –dice Virginia, dirigiéndose a Gregorio y Roberto.

–Está bien, espero que sea útil –dice Gregorio.

–No sé yo, de todos modos estábamos en un terreno privado. Espero que no haya problemas por eso –dice Elsa con *desconfianza*.

–Bueno, una cosa es visitar una finca privada y otra que nos disparen con una *ballesta* –dice Virginia–. A ver, Emilio, ¿llamaste ya?
–Sí, pero no sé qué pasa –dice Emilio, poniéndose nervioso–. Parece que no hay *cobertura*.
–No me *extraña*, estamos en pleno monte y en una zona sin ningún pueblo cerca –dice Gregorio.
–Ay, no digas eso… –protesta Emilio.
–Es la verdad –confirma Gregorio.
–El pueblo más cercano es Cordeiro –dice Elsa–. Si andamos a buen *paso* podemos estar allí en una hora.
Los estudiantes se ponen en camino. Van en silencio, *preocupados* por lo que ha pasado con Clara.

*Übung 4: Ordnen Sie die Wörter zu sinnvollen Sätzen!*



1. persiguieron estudiantes a jinetes los no los

______________________________

2. una está finca ermita en la privada

______________________________

3. estaba Virginia acuerdo de no

______________________________

4. quedó Clara en cripta encerrada se la

______________________________

Al cabo de un rato de dura *caminata*, los estudiantes llegan a Cordeiro. Más que un pueblo, es una *aldea* formada por dos calles de casas de *pizarra*. Los estudiantes están algo *sorprendidos*.

–¿Estáis seguros que aquí vive alguien? –pregunta Virginia con *escepticismo.*

–Parece un pueblo *abandonado*… –comenta Emilio.

–Sí, mirad, allí hay una mujer –señala Gregorio hacia una *anciana*, mientras se dirige hacia ella.

–Disculpe, señora –comienza Gregorio–. Necesitamos ayuda.

–Sí, ¿qué le *ocurre*, joven? –pregunta la *anciana*, *acercándose* para oír mejor.

–Una compañera nuestra ha *desaparecido*. Hay que llamar a la policía urgentemente.

–¡Qué desgracia! –exclama la *anciana asustada*–. ¿Y cómo ha ocurrido?

Gregorio *duda* antes de contestar, pues sabe que ellos estaban en un terreno prohibido cuando ocurrió esto. Entonces interviene Roberto:

–Fuimos a la Ermita das Ánimas…

–¡La Ermita das Ánimas! –exclama la *anciana*–. ¡Por Cristo bendito! ¿Por qué fuisteis allí?

ÜBUNG 5 !

*Übung 5: Lesen Sie weiter und setzen Sie die Wörter in Klammern in die passenden Lücken ein!*
***(finca, amiga, anciana, antorchas, puerta, pinturas, jinetes)***

–Queríamos ver las (1.) __________ románicas de la *ermita*…

–¡Pero está en una (2.) __________ privada! Además…

–Además, ¿qué? –pregunta Roberto *preocupado*.

–Nada, nada. Pero ¿qué le pasó a vuestra (3.) __________?

–Había una (4.) ____________ en la *ermita*, ella entró y quedó *encerrada*. Luego salimos y, cuando íbamos a pedir ayuda, de repente vinieron unos (5.) __________ con (6.) __________...

–¡Dios mío! ¡La *Santa Compaña*! –grita la (7.) __________ *aterrorizada*, a la vez que se *santigua* rápidamente.

–¿Cómo? –preguntan Gregorio y Roberto *sorprendidos*.
–La *Santa Compaña* son las *almas en pena* que *vagan* con sus *sudarios* y que van *encapuchadas*. ¡Ay, qué horror! Eso pasa por entrar en esa *ermita maldita*... ¡Qué desgracia la de vuestra amiga! Seguro que era una chica muy joven también...
–Tranquilícese, señora –dice Roberto–. ¿Qué está diciendo? ¿Por qué dice eso? ¿Y por qué está *maldita* la *ermita*?
–Vuestra amiga seguro que ya está con la *Santa Compaña*. La *ermita* está *maldita* por el *ermitaño* que vivía en ella, estaba enamorado de una joven campesina, pero alguien lo *denunció* ante el *obispo*. El pobre *ermitaño enloqueció* y mató a su amada. Después, él *fundó* la *Santa Compaña*...
–Esta vieja está loca, creo yo –*susurra* Virginia a Elsa–. No sé por qué la escuchamos *en vez de* seguir buscando a la policía.
–Yo en tu lugar tendría más respeto por esa mujer. No podemos saberlo todo, hay cosas que no se pueden explicar... –dice Elsa.
–Vaya, parece que es verdad que los gallegos son *supersticiosos*. Eso de que no creen en las *brujas*, "pero de haberlas, las hay" –comenta Virginia.
–Puedes reírte, si quieres, pero, ¿cómo explicas tú la *desaparición* de Clara y a esos *jinetes encapuchados*? –pregunta Elsa.
Virginia se queda en silencio. Mientras, Gregorio y Roberto siguen discutiendo con la mujer.
Emilio, de repente, habla con una autoridad poco habitual en él:

–Creo que debemos dejarnos de tonterías y avisar a la policía.
–Emilio tiene razón –dice Virginia–. A ver, señora, ¿dónde podemos hablar con la policía?
–La policía no puede hacer nada contra ciertas cosas...
–Vamos a ver... Ah, ahora parece que mi móvil sí tiene *cobertura* –dice Emilio–. Sí, hola, buenas tardes. Es algo urgente. Somos un grupo de *peregrinos*. Una amiga ha *desaparecido* en la Ermita... ¿Cómo se llamaba? –pregunta Emilio a Elsa–. Ah, sí, la Ermita das Ánimas. Muy bien, muchas gracias.
Cuando termina de hablar, Emilio sonríe:
–Dice que estarán aquí en veinte minutos, nos llevarán a Santiago y comenzarán inmediatamente a buscar a Clara.
Poco después, llega una furgoneta de la policía municipal. Un agente, con cara de mal humor, les pregunta qué ocurre. Elsa se lo explica todo. El policía, entonces, decide:
–De acuerdo, nosotros nos hacemos cargo del asunto. ¿Dónde estáis *alojados*?
–En ningún sitio. Estábamos haciendo el Camino de Santiago –explica Elsa.
–De acuerdo. Creo que entonces lo vais a terminar en coche. Os llevaremos a un albergue en Santiago. Posiblemente tendremos que llamaros a declarar.
A la mañana siguiente, y después de pasar la noche en un albergue, los amigos se reúnen. Todos están *abatidos*. La policía aún no ha *logrado* encontrar a Clara. Entonces, Elsa tiene una idea.
–Tengo una idea sobre alguien que quizás puede ayudarnos.
–¿Quién? ¿Algún *hada* buena? –pregunta Virginia *burlona*.
–No, un profesor.
–¿Un profesor? –preguntan Virginia y Emilio *sorprendidos*.
–Sí, se llama Miguel Ángel Lemus y es un gran especialista en Historia del Arte. Quizás puede explicarnos algo de esa *ermita*.

–Ah, sí, el profesor Lemus, he leído cosas de él –dice Gregorio.
–No sé cómo podría ayudarnos él a encontrar a Clara –dice Roberto, hablando entre dientes.
–Roberto, no perdemos nada por ir allí… –*intenta convencerlo* Gregorio.
–Está bien –dice Roberto–. Pero yo habría preferido quedarme junto a la *ermita* hasta que encontrasen a Clara. Nunca me perdonaré haberme ido como un *cobarde*.
–¿Estás diciendo que somos todos unos *cobardes*? –pregunta Virginia, pero Roberto no contesta.
Los cinco amigos caminan hacia la Universidad de Santiago, una de las más *prestigiosas* y antiguas de España, pues fue *fundada* en 1495. Elsa le pide el móvil a Emilio para llamar al profesor.
–Hola, Miguel Ángel, ¿qué tal? ¿Estás en tu *despacho*? ¿No? ¿Y dónde? Ah, sí, la Rectoría, ¿qué haces allí?
Después de terminar la llamada, Elsa explica a sus amigos:
–Está en la Rectoría de la Universidad, en la Plaza del Obradoiro…
–¿Allí? Vaya, yo pensaba llegar allí después de *recorrer* el camino a pie… –dice Roberto *decepcionado*.
–Podemos hacer un trato. No entrar en la catedral hasta después de encontrar a Clara y de andar el *tramo* del camino que nos falta –propone Elsa.
–De acuerdo –aceptan todos.
En la Plaza do Obradoiro los amigos *contemplan sorprendidos* la Catedral de Santiago de Compostela. En la Plaza del Obradoiro se halla el kilómetro cero de los diferentes caminos a Santiago. Al oeste está el Palacio de Rajoy, edificio de estilo neoclásico, construido en el siglo XVIII y que, actualmente, es la sede de la Xunta, el gobierno regional de Galicia.
Frente a éste puede verse el Colegio de San Jerónimo, también llamado Colegio de Artistas, y que originalmente era un colegio

mayor destinado a los estudiantes sin recursos. Actualmente alberga el Rectorado de la Universidad de Santiago.

ÜBUNG 6 !

*Übung 6: Bilden Sie die Partizipien nach dem Muster!*

1. sorprender – *sorprendido*
2. construir – ____________________
3. llamar – ____________________
4. terminar – ____________________
5. contemplar – ____________________
6. decepcionar – ____________________

Los estudiantes llegan al *despacho* del profesor Miguel Ángel Lemus. Es un hombre de unos cuarenta años, calvo y con gafas, vestido elegantemente y que recibe a Elsa con una alegre sonrisa. Ambos se conocen bien y se *tutean*.

–¡Qué sorpresa, Elsa! No esperaba verte. Desde que te fuiste a terminar tus estudios a Madrid no hemos sabido nada de ti.

–Sí, es que en Madrid se pasa el tiempo volando, no hay tiempo ni para escribir a los amigos.

–Bueno, ¿y qué te ha traído por aquí?

Elsa le cuenta con detalle lo del Camino de Santiago y la *extraña desaparición* de Clara.

–Mmm… La Ermita das Ánimas…

–¿Habías oído hablar de ella? –pregunta Roberto.

–¡Claro que sí! *¿Por quién me tomas*?

–Lo siento, perdona. ¿Cómo no iba a conocer esa *ermita* el mayor especialista de arte románico de España?

Ahora Miguel Ángel se ríe, *halagado*.
–No *exageres*, no soy el mayor especialista de España, ni siquiera de Galicia, pero esa *ermita* sí es conocida por los amantes del arte medieval. Tiene unas pinturas románicas *magníficas*. Lamentablemente, está dentro de una finca privada, y su dueño pone todos los *obstáculos* posibles para evitar la entrada en ella.
–¿*Obstáculos* como *jinetes encapuchados* y que disparan flechas?
–¿Cómo dices? ¿Estás de *broma*?
Elsa parece querer decir algo, pero no se atreve:
–¿Qué piensas de la leyenda de la *Santa Compaña*?
Miguel Ángel ríe:
–Esa leyenda..., cuentos de viejas. Aunque el refrán dice "no creo en las *brujas*, pero de haberlas, las hay", yo no creo en esas cosas.
–¿Cree que la policía encontrará a Clara? –pregunta Roberto.
–No estoy tan seguro. Pero, ¡se me *ocurre* una idea! No sé cómo no lo pensé antes. Tengo un amigo que quizás puede ayudaros. Se llama Raimundo Vaqueira, un detective *retirado* que vive en el pueblo de Tuy. Él conoce a todo el mundo en esa *comarca*, mucho mejor que ningún otro policía.
–Eso parece interesante –dice Elsa–. ¿Puedes darme su dirección en Tuy?
Miguel Ángel escribe la dirección en un papel. Luego parece recordar algo y busca entre unos libros:
–¡Ah! Quería darte esto, iba a *enviártelo* a Madrid, pero no sabía tu dirección –le dice, a la vez que le da un libro.
–'Guía mágica de Galicia' –lee Elsa sobre la cubierta del libro.
–Para que no te olvides de tu tierra –dice el profesor.
–¡No me olvido! –exclama Elsa–. Mi amiga Virginia puede confirmártelo.
A la salida de la Rectoría, los amigos están algo más optimistas.
–Te debo una disculpa, Elsa –dice Roberto–. No sé si ese detective

nos ayudará en algo, pero será mejor que estar sin hacer nada.
–No tienes que disculparte por tu reacción, Roberto. Es normal, estamos todos muy *preocupados* por Clara.

## Capítulo 3:
## Un detective pescador y un millonario jugador

Tras un viaje de una hora y media en autobús, los estudiantes llegan a Tuy, bella población en la frontera con Portugal. Tuy es una de las ciudades más antiguas de Galicia, anterior a la *conquista romana*. Está situada en la *comarca* de las Rías Baixas, famosa en toda España por sus *mariscos*.
Los amigos bajan en la estación junto a la Plaza Nueva del Mercado.
–Según Miguel Ángel, Raimundo vive en la Rúa dos Peixes, que está en el centro de Tuy –dice Elsa.
–Qué bien. Así, *de paso* vemos algunos monumentos –comenta Gregorio, que nunca olvida su amor por la Historia.
–Oiga, señora, ¿la Rúa dos Peixes? –pregunta Virginia a una *anciana*, que se queda *extrañada*, y luego le indica:
–Ah, sí, todo recto, calle arriba –dice señalando con la mano.
–Vaya, parece que esa mujer se *sorprendió* por tu pregunta –comenta Virginia.
–Es que por aquí la gente habla más en gallego que en castellano –explica Elsa–. Aunque de todos modos Tuy es una pequeña ciudad. Hay pueblos donde prácticamente sólo se habla gallego.
–Bueno, vamos calle arriba. Parece que esa calle está en lo alto de una *colina* –dice Roberto–. Hay que seguir caminando.
*En efecto*, la parte más antigua de Tuy está sobre una pequeña *colina*. Los estudiantes llegan junto a la catedral de Santa María de

Tuy, una imponente construcción de estilo románico, con *torres almenadas* y *pasadizos*.
–Vaya, parece más un castillo que una iglesia –comenta Virginia.
–Es que antiguamente la catedral servía también como fortaleza. No olvidéis que estamos en la frontera. Desde esa torre que se llama Torreón de los Soutomaior, puede verse todo el valle del Miño y Portugal.
–Parece que Tuy antes era una ciudad más importante que ahora.
–Sí, era una de las siete capitales del Reino de Galicia y tenía un importante puerto. Pero desde el siglo XIX mucha gente *humilde* tuvo que emigrar a América, como en toda Galicia.
–¿Y por aquí vive Vaqueira? –pregunta Virginia, algo *impaciente*.
–Sí, es por aquí cerca –dice Roberto, que tiene un mapa.
Por fin llegan a la Rúa dos Peixes, número diecisiete y llaman a la puerta. Nadie contesta. Una mujer que está limpiando el suelo delante de la puerta de su casa, les pregunta:

*Übung 7: Lesen Sie weiter und setzen Sie das passende Fragewort ein!*
***(dónde, quién, qué, cómo)***



–¿A (1.) ___________ buscáis? –pregunta la mujer, *tuteando* a los chicos.

–¿Vive aquí Raimundo Vaqueira? –pregunta Gregorio.

–Sí, pero no está.

–¿Y (2.) ___________ podemos encontrarlo? –pregunta Virginia.

–¿Y (3.) ___________ quieres que lo sepa?

Virginia se ríe en voz baja y comenta a Gregorio:

–Eso es “responder a la gallega”. Se dice que los gallegos siempre responden con otra pregunta…

Gregorio sonríe, pero la mujer la ha oído:

–Oye, chica, ¿(4.) __________ dices?

Elsa interviene:
–No *haga* usted *caso* a mi amiga. ¿No tiene idea de dónde está Raimundo? Es un asunto importante.
–*Supongo que* está *pescando*. Ese hombre se pasa los días en el río.
–¿Y cómo podemos encontrarlo?
–Pues por ahí cerca del Puente Internacional. Pero no del nuevo, sino del antiguo.
–Muy bien, muchas gracias por la información.
–Todo este camino para nada. Tu amigo Miguel Ángel debió darnos el número de móvil de ese hombre o debió decirle que veníamos –comenta Virginia.
–No sé si tiene móvil. Miguel Ángel dice que Raimundo lleva una vida muy sencilla –contesta Elsa.
–Sí, muy sencilla pero… ¿vivir sin móvil?
–Aunque no lo creas, es posible –dice Roberto con ironía.
Virginia lo mira *sorprendida*. Desde la *desaparición* de Clara, Roberto ya no es el mismo. Antes era el líder del grupo, ahora apenas habla, y parece ausente de lo que le rodea.

ÜBUNG 8 !

*Übung 8: Füllen Sie die Lücken mit den folgenden Präpositionen!*
***(al, desde, para, por, entre, después de)***

(1.) __________ un buen rato de *caminata*, llegan (2.) __________

Puente Internacional. Este puente une las dos *orillas* del Miño, río que (3.) ______________ hace siglos sirve como frontera (4.) ______________ España y Portugal. El puente fue diseñado (5.) __________ Pelayo Mancebo, un arquitecto discípulo de Gustave Eiffel, (6.) __________ *unir* Tuy con Valença do Minho, la ciudad portuguesa al otro lado de la frontera.

–Yo no veo a nadie por aquí –comenta Gregorio–. Quizás esa mujer nos ha *engañado*.
–Sí, allí hay un hombre –dice Roberto, señalando una mancha verde oscura.
–¡Qué *vista* tienes! –exclama Virginia *sorprendida*–. Casi no se le ve entre las plantas de la *orilla* del río…
Los estudiantes se *acercan* algo nerviosos. *En efecto*, el *bulto* de color verde oscuro es un hombre con un *impermeable* de ese color, sentado sobre un *tronco* de árbol y que, completamente inmóvil, sujeta una *caña de pescar*.
–Esto me da mala espina… –*susurra* Emilio a Virginia–. No sé si deberíamos *molestarle*.
Elsa se *adelanta decidida*:
–Perdone, señor, ¿es usted don Raimundo Vaqueira?
El hombre se *da la vuelta*. Debajo de la *capucha* del *impermeable* los estudiantes ven el *rostro* de un hombre con largas barbas grises y unos profundos ojos marrones.
–¿Y quién eres tú, moza?
–Me llamo Elsa Carballido. Un amigo me habló de usted. Me dijo que era el mejor detective de Galicia.
–¡No soy detective! –grita el hombre, de repente muy *enfadado*–.

¡No me *molesten* con tonterías! Por favor, ¡váyanse y déjenme *pescar* en paz!
–No queríamos *molestarlo*, señor, pero se trata de un caso grave. Una amiga ha *desaparecido*…
–Bueno, pues para eso está la policía, ¿no?
–La policía la está buscando, pero no la ha encontrado. *Desapareció* en circunstancias muy *extrañas*…
–Eso explícaselo a la policía, yo no tengo por qué escucharte.
–Vámonos, Elsa, no sirve para nada *insistir* –dice Emilio.
–No, espera, no me voy hasta que no diga lo que tengo que decir –Elsa se *vuelve* otra vez *hacia* el detective:
–Clara *desapareció* en la Ermita das Ánimas. Ya sé que no debimos entrar, es una finca privada…
Raimundo, de repente, escucha con atención:
–¿Sí? –pregunta a Elsa, animándola a continuar.
–Pero nos *expulsaron* unos *jinetes encapuchados*, que incluso nos dispararon con una *ballesta*.
–¿En serio? –pregunta Raimundo *sorprendido*.
–¡Se lo *juro*! Aunque quizás sólo para *asustarnos*, pues afortunadamente nadie resultó herido.
–La Ermita das Ánimas…
–Está cerca de Cordeiro –interviene Roberto.
–Sé dónde está. En una finca propiedad de Manuel Louzán.
–¿Quién es Manuel Louzán? –pregunta Roberto.
–Eso no importa ahora… –dice Raimundo.
–Me parece que sí… –*insiste* Roberto.
–Es un *empresario*, uno de los hombres más ricos de las Rías Baixas. Tiene fábricas de conservas, *cultivos* de *albariño*…
–¿*Albariño*? –pregunta Virginia.
–Es el vino típico de las Rías Baixas –explica Elsa.
–¿No sabes lo que es el *albariño*? –dice Raimundo, a quién le pare-

ce muy *extraña* la pregunta de Virginia.
–Es que Virginia es de Madrid –explica Elsa, ahora a Raimundo.
–Ah, bueno... –dice Raimundo con una sonrisa que a Virginia le parece *compasiva*.
–¿Qué más sabe usted de Manuel Louzán? –pregunta Roberto.
–Mucho preguntas tú, joven. ¿Es que lo conoces?
–No, pero por el tono de su voz creo que hay algo más sobre él.
–Bueno, simplemente se rumorea, o más bien es algo que sabe todo el mundo, que ese hombre *participa* en negocios oscuros...

*Übung 9: Bilden Sie das Gerundium nach dem Muster! Achten Sie auf unregelmäßige Formen.*

ÜBUNG 9 !

1. preguntar – *preguntando*
2. explicar – ______
3. insistir – ______
4. tener – ______
5. saber – ______
6. ir – ______

–¿Negocios de qué tipo? –sigue preguntando Roberto.
–Bueno, de qué va a ser, de *narcotráfico*. Aquí, en las Rías Baixas, en la Ría de Arousa, *por desgracia* hay mucho tráfico de drogas. Son muchos kilómetros de costa difíciles de *vigilar*, y siempre ha habido mucho *contrabando*. Es una pena, en una zona tan hermosa muchas personas están *corrompidas* por el dinero de la droga...
–¿Pero tiene *pruebas* de que Louzán *participa* en ese negocio?

–Sí, las tengo, y en su momento las presenté a las autoridades…

–¿Y qué pasó? –pregunta Roberto.

–Nada…, ya he dicho que aquí hay mucha gente que ha *caído* en la corrupción por el dinero de la droga. Me dijeron que las *pruebas* no eran suficientes. Además, empecé a tener problemas con el director de la policía en Pontevedra. Dijeron que yo no hacía bien mi trabajo, que no hacía lo suficiente en la lucha contra la droga y acusaba a personas inocentes…

–¿Y era cierto? –pregunta Virginia.

–¡Por supuesto que no! Estoy seguro de que Manuel Louzán usó su influencia e hizo que al jefe de Pontevedra le llegaran informaciones falsas sobre mí. Me empezaron a hacer la vida imposible, y finalmente decidí *retirarme*. Hay criminales demasiado poderosos, contra los que un detective *humilde* como yo no puede hacer nada. Lo siento, chicos, no soy un James Bond, creo que os han informado mal sobre mí.

–Yo no lo creo –dice Roberto con voz clara y fuerte–. Creo que es a usted precisamente a quien necesitamos. Clara *desapareció* en la finca de Manuel Louzán. Debe llevarnos a ver a Louzán y *exigirle* que nos ayude a encontrarla, como sea.

Raimundo Vaqueira *reflexiona* durante unos minutos. Finalmente se decide:

–De acuerdo, me habéis *convencido*. Es cierto que *tengo una cuenta pendiente con* Louzán y, además, me *preocupa* qué ha podido pasarle a vuestra amiga.

Raimundo comienza a recoger su *caña* y su equipo de *pesca*.

–Vamos a mi casa, desde ahí llamaremos a Louzán.

Los chicos entran en el *coche todoterreno* del señor Vaqueira, que los lleva a su casa, pasando por el centro.

–¿Habéis visto la catedral?

–Sí, ¡es impresionante! –comenta Gregorio.

–No es como la de Santiago, pero *vale la pena* pasarse por Tuy –confirma Raimundo, sonriendo–. Además, aquí se come muy bien por poco dinero.

*Übung 10: Bilden Sie Adverbien nach dem Muster!*

1. preciso – *precisamente*
2. inocente – ____________
3. final – ____________
4. urgente – ____________
5. normal – ____________
6. completo – ____________



Raimundo *aparca* el coche junto a su casa. Es una típica casa de piedra gallega, con *vigas* de madera y *chimenea*. Llama a la puerta pero nadie abre. *Gruñendo*, saca la llave.
–Vaya, Maruxa parece que no está, habrá ido a la casa de la vecina, como siempre…
–¿Quién es Maruxa? –pregunta Virginia con curiosidad.
–¿Quién va a ser? Mi esposa –contesta Raimundo.
Ya en la casa, Raimundo busca una agenda y marca un número.
–Sí, buenos días. ¿Podría hablar con el señor Louzán? ¿No está? ¿Y dónde está? Ah, bueno… Muy bien, no se *preocupe*.
Raimundo cuelga el teléfono.
–¿Qué pasa? –pregunta Roberto.
–Vamos al coche de nuevo. Está en el Casino de la Toja.
–¡Vaya! Parece que hay gente que no sabe en qué gastar el dinero –comenta Elsa.

–Tienes razón –dice Raimundo.

El Casino de la Toja es el lugar de juego más *lujoso* de Galicia. Está situado en la isla de La Toja – 'A Toxa' en gallego – muy cerca de la playa de A Lanzada y de Vilagarcía de Arousa. Para llegar a la isla hay una carretera, *vigilada* siempre por dos guardias.

–Es para que nadie robe en el casino y pueda escapar –explica Elsa.

Al llegar con su coche, un guardia le pregunta a Raimundo:

–Buenos días. ¿Qué quiere?

–Vamos a visitar a un amigo en el casino.

El guardia mira con *desconfianza* la ropa de los chicos y luego acepta:

–Bueno, venga, pase.

Cuando entran en el casino, los chicos se explican esta mirada. Ya en los *aparcamientos*, sólo hay coches de lujo, y dentro, relucen *valiosas* joyas en los cuellos de las mujeres y los hombres llevan elegantísimos trajes.

En una mesa junto a la ruleta, ríe sonoramente un hombre gordo, con un elegante traje verde. De repente, al ver a Raimundo, deja de reír por la sorpresa:

–¡Hombre, Raimundo, qué haces aquí!

–Hola, Louzán. ¿Desde cuándo somos amigos para que me *tutees*?

–No te enfades. ¿Qué pasa, no *pescaste* ningún pez hoy?

–Por ahora, todavía no he *pescado* el pez que querría.

–Pues *mala suerte*. ¿Por qué no pruebas la ruleta? Quizás tengas más suerte…

–No tengo ese vicio.

–Tú te lo pierdes. Y quiénes son estos chicos. ¿Tus sobrinos?

–No, son unos *peregrinos*, que por curiosidad entraron en tu finca.

–Ajá, qué curiosos. ¿No saben leer los carteles que dicen 'Propiedad privada'?

–Pues sí, pero queríamos conocer la Ermita das Ánimas, que debería ser *patrimonio público* y cuya entrada está cerrada –dice Roberto.

*Übung 11: Unterstreichen Sie die richtige Variante!*

ÜBUNG 11 !

1. Cuando los chicos llegaron al casino encontraban/encontraron a Manuel Louzán jugando a la ruleta.
2. Emilio no sabía/supo qué es el *albariño*.
3. Al guardia del casino no le gusta/guste la ropa de los chicos.
4. Según Vaqueira, Manuel Louzán hizo/haría llegar al jefe de policía informaciones falsas sobre él.
5. ¿Tuviste/Tuvistes suerte en la ruleta?

Manuel Louzán se queda mirando un momento a Roberto.
–Bueno, ¡qué chico más impertinente! Sí, la entrada a la *ermita* está prohibida, porque hay pinturas muy *valiosas* y no quiero que entren jóvenes *maleducados* y las llenen de graffiti. Y, por otra parte, si queríais entrar, habríais podido avisarme y os lo habría permitido con mucho gusto.
–Está muy bien saberlo, pero ahora mismo nuestra amiga Clara ha *desaparecido* y queremos encontrarla –dice Roberto.
–¿Y no habéis *acudido* a la policía?
–Sí, claro, pero hasta ahora no han encontrado a nadie.
–Pues tened paciencia.
–Tenemos paciencia, pero nos parece muy *extraño* que haya *desaparecido* así… –continúa Roberto.
–Y, sobre todo, ¡que nos hayan atacado unos *jinetes encapuchados*! –exclama Elsa, que había estado *callada* hasta entonces.
–Pero, ¿qué dices, muchacha? ¿Qué *jinetes encapuchados*?
–¡Unos *jinetes* con *antorchas*!

Ramón Louzán empieza a reírse, *acompañado* de sus amigos.
–¿Habéis oído? Esta chica cree en la *Santa Compaña*…
Todos ríen.
–¡No es cosa de risa! ¡Nos dispararon con una *ballesta*!
Los amigos de Louzán ríen aún más fuerte.
–¡Con una *ballesta*! –dicen, *colorados* por la risa.
Entonces, Raimundo Vaqueira interviene con tono grave:
–Oye, Louzán, esto es *serio*. No sé qué negocios sucios te *traerás entre manos*, pero no permitiré que por eso tenga que sufrir una chica inocente.
Louzán responde igualmente muy *serio*:
–Aquí el único sucio que hay eres tú, Raimundo Vaqueira, que hueles a vaca, y tus amigos también. Habéis interrumpido una partida muy interesante, y creo que es mejor que os vayáis con vuestras leyendas a otra parte.
Unos guardias uniformados vienen entonces y les piden a los chicos que se vayan. Ellos aceptan *de mala gana*. Cuando van a salir, Roberto dice que tiene que ir al baño, pues ve que Manuel Louzán ha entrado en los aseos.
Estando en el baño, escucha a Manuel Louzán, que está hablando por teléfono.
–Sí, la *entrega* donde siempre. Sí, ahí, en la Cova das Pedras Negras. Sí, no te *preocupes*, nos *encargaremos* de eso.

## Capítulo 4: Compañías nada santas

Roberto cuenta a Raimundo y a sus amigos lo que ha escuchado.
Raimundo *reflexiona* y luego dice:
–Debemos hacer un plan. Vamos a volver a la Ermita das Ánimas.
–¿Seguro que es una buena idea? –pregunta Emilio, *temblando*.

–No queda otra opción. Creo que Clara aún se encuentra ahí, no sabemos en qué estado.
–Estoy de acuerdo con Raimundo –afirma Roberto con decisión–. Si alguien tiene miedo, no tiene por qué venir.
–Yo no tengo miedo… –afirma Emilio sin mucha *convicción*.
–De todos modos no podemos ir así. Debemos llevar armas –afirma Raimundo.
Raimundo lleva a los chicos a su casa. Lo recibe una mujer de unos cincuenta años, que se le *acerca* sonriente a darle un beso.
–Mmm, *hogar*, dulce *hogar*. ¿Ya volviste de *cotillear*, Maruxa? –pregunta Raimundo.
–No es *cotillear*, es simplemente que me intereso por los vecinos –contesta ella.
–Bueno, es otra forma de decirlo. Oye, voy a ir de caza con unos amigos, *vamos a por* las armas al *cobertizo*.

*Übung 12: Welches Wort ist das „schwarze Schaf"? Unterstreichen Sie das nicht in die Reihe passende Wort!*

ÜBUNG 12 !

1. llevar, hogar, molestar, interesar, ir
2. en, de, no, sobre, por
3. nunca, siempre, hacia, a veces, ahora
4. carcajada, encapuchado, caza, caña, pesca
5. dulce, alegre, mujer, preocupada, corrupta
6. bueno, mayor, mejor, peor, malo

Raimundo los lleva a una pequeña *cabaña*, donde cuelgan *rifles*. Da uno a Roberto, otro a Gregorio y queda uno libre.
Virginia dice:
–¡Uy, yo no sé cómo manejar eso!

–Yo tampoco… –dice Emilio.

–A ver, dame a mí –pide Elsa con decisión.

Después de cargar los *rifles* se ponen en camino. Roberto hace de guía y llegan a la *valla* con el cartel de 'Propiedad privada'. Raimundo estaciona el coche. Emilio y Virginia se quedan dentro del coche. Los demás salen y saltan la cerca. Se dirigen a la *ermita* y entran.

En la *ermita* hay un silencio absoluto. Bajan la escalera e *intentan* abrir la puerta. Al principio no pueden pero, *empujando* a la vez Gregorio, Roberto, Raimundo y Elsa, la puerta se abre. Está todo oscuro y Raimundo tiene que encender una *linterna*. Allí ven una mesa y varias cajas de cartón.

–Qué curioso –comenta Gregorio–. Parece que en esta *cripta* se hacen cosas muy *extrañas*.

–Sigamos adelante. Parece que hay un *pasadizo* allí –dice Raimundo.

Los amigos y Raimundo caminan por un larguísimo *pasadizo* lleno de humedad.

–¿Adónde irá a parar esto? –se pregunta Elsa, algo *asustada*.

Tras caminar unos diez minutos por el pasillo, de repente ven una luz que viene de arriba.

–Por ahí hay una salida –dice Roberto.

*En efecto*, hay un hueco en el techo. Roberto, con ayuda de Gregorio, trepa por las piedras y sale al exterior. Luego da la mano a Elsa, a Gregorio y finalmente a Raimundo. Se encuentran en una *pradera*, en la que hay dos caballos sueltos.

–¿De quién serán estos caballos? –pregunta Gregorio.

–Por aquí hay *manadas* de caballos sueltos, casi salvajes, pero que tienen dueño –explica Raimundo–. Seguramente son de Louzán.

–¿Habéis oído eso? Se oyen voces –dice Gregorio alarmado.

De repente ven llegar a lo lejos dos *jinetes encapuchados*.

Roberto *apunta* con su *rifle* y Elsa también. Gregorio, tras *dudarlo*, carga su *rifle* y *apunta* a los *jinetes*. Raimundo no se mueve.
–Creo que es inútil. Mirad –dice, señalando hacia otro lado, por donde vienen cinco *jinetes*–. No podremos con todos.
–¡Vámonos! –grita Gregorio, pero ni Roberto ni Raimundo se mueven.
–No, vamos a ver quiénes son –dice el detective.
Entonces llegan los *jinetes encapuchados*. Uno de ellos lleva una *ballesta* pero el otro tiene una pequeña *ametralladora*.
–¡Las armas al suelo! –grita el de la *ametralladora*, *apuntando*.
–De acuerdo –dice Raimundo, vencido, y tira el *rifle* al suelo.
–¡Así me gusta! –exclama uno de los *jinetes*–. Y, ahora, ¡andando!
–Espera un momento –dice el otro–. Hay que hacer las cosas bien.
El *jinete* baja, *ata* con *cuerdas* las manos de Raimundo y de los estudiantes y les tapa la boca con una *mordaza*. Luego caminan por la *pradera*, que va *descendiendo* hacia el mar. Llegan a una cueva.
–Más *pesca* traemos aquí. No sé qué vamos a hacer con tanta gente –dice uno de los *jinetes*.
En la cueva está Clara, *atada* a una silla. El corazón de Roberto da un salto al verla de nuevo con vida.
–Bueno, ahora tenemos que esperar lo que diga el jefe –dice uno de los *jinetes*.
Un rato después llega un enorme *coche todoterreno*, del que baja Manuel Louzán.
–Quitadle la *mordaza* al viejo –ordena a uno de los *jinetes*.
–Tienes dos opciones, Raimundo. O *juras* no decir nada, cerrar la boca y no volver a poner el pie en mi propiedad, y lo mismo vale para tus amigos. O, si no aceptas este trato, os llevaremos en una *lancha* en *alta mar* y allí os dejaremos con los peces. Ya nos las arreglaremos para que parezca un accidente.
Raimundo mira a Louzán largo rato. Luego se decide a hablar:

*Übung 13: Lesen Sie weiter und ergänzen Sie die Endungen der Verben!*

–No (1.) entien___ , Louzán, ¿por qué todo?, ¿para qué los *jinetes*?

Louzán (2.) sonr___ :

–Es una manera cómoda de no (3.) atra___ la curiosidad de la gente. La gente de Cordeiro y otros pueblos (4.) sig___ creyendo en la *Santa Compaña*, y eso (5.) sirv___ más que ninguna *amenaza* para que no (6.) entr___ en mis terrenos.

Raimundo (7.) vuel___ a *callarse*. Louzán se *impacienta*:

–Bueno, ¿qué (8.) dic___? ¿Vas a *callarte* y no meterte más en mis asuntos, o no? Ya (9.) sab___ que por la boca (10.) muer___ el pez… –dice, y (11.) rí___–. Un *pescador* como tú (12.) tien___ que saberlo bien…

Raimundo *reflexiona*, sabe que tiene que ganar tiempo.
–Louzán, deja libres a los chicos, ellos no son *culpables* de nada.
–No, si no prometen antes lo mismo que tú –responde Louzán agresivo.
–Louzán, somos tú y yo quienes *tenemos una cuenta pendiente*…
–¿A qué te refieres? –pregunta Louzán.
–Ya sabes a lo que me refiero. Los manejos gracias a los cuales tuve que dejar mi trabajo en la policía de Pontevedra…
Louzán se ríe:
–¿Y acaso no estás mejor ahora, Raimundo? ¿No llevas una vida

más tranquila, dedicado a la *pesca*? ¿Qué te *molesta* de que yo… haga mis negocios?

–Esos negocios cuestan la vida a mucha gente, Louzán…

–Bueno, no estoy para *sermones* ahora, tengo prisa.

–Ya sé que tienes prisa, estás esperando una *entrega* de *mercancía*, ¿verdad? –pregunta Raimundo.

Louzán lo mira *sorprendido* y la sonrisa *desaparece* de su cara:

–¿Cómo lo sabes?

En ese momento escuchan un *ruido* sobre sus cabezas. Dos *helicópteros* de la policía nacional se *acercan*. Uno de ellos *desciende* mientras suena por un *altavoz*:

–Manuel Louzán, entregue las armas, y también sus compañeros. *Ríndanse* a la policía.

Louzán, muy nervioso, *agarra* a Raimundo Vaqueira y le *apunta* con una pistola.

–¡Váyanse! Si no quieren que no quede nadie con vida…

–Señor Louzán, eso le costaría terminar su vida en la cárcel. No tiene *escapatoria*… Y la *mercancía* que estaba esperando ya no llegará…

–¡*Maldita* sea! ¡*Maldito pescador*! ¡*Malditos* estudiantes!

Raimundo aprovecha el nerviosismo de Louzán para *desatarse* y darle un *puñetazo* en la cara, que lo hace *caer* al suelo.

–¡Muy bien! –grita Clara.

Los *jinetes*, mientras tanto, han huido por el *pasadizo*. Raimundo *desata* a sus amigos y a Clara, y luego *ata* las manos a Louzán, *apuntándole* con su propia pistola.

Mientras los *helicópteros* salen a *perseguir* a los *jinetes*, una *lancha* de la policía de La Coruña llega a la playa para *detener* a Louzán.

Todos los amigos están muy felices de verse libres y de haber encontrado a Clara sana y salva. Todos la abrazan.

*Übung 14: Übersetzen Sie die folgenden Wörter und tragen Sie das Gegenteil auf Spanisch ein!*

ÜBUNG 14 !

1. atar = festbinden ≠ soltar

2. culpable = ________________ ≠ ________________

3. sano = ________________ ≠ ________________

4. encontrar = ________________ ≠ ________________

5. cobarde = ________________ ≠ ________________

6. acercarse = ________________ ≠ ________________

7. por desgracia = ________________ ≠ ________________

Esa noche, Raimundo invita a cenar a los jóvenes *peregrinos*. Sentados a la mesa, Elsa dice a Raimundo:
–Todavía no me explico cómo pudo encontrarnos la policía en un sitio tan *escondido*.
Raimundo se ríe.
–Cuando fuimos al *cobertizo* por los *rifles*, también me traje un arma más útil –dice Raimundo, mientras se levanta y va a un armario por un aparato.
–Es un *localizador vía satélite*, que transmite además sonidos. Con él, la policía sabía en cada momento en dónde estábamos…
–Yo tenía la impresión de que la policía no haría nada, que estaban vendidos a Louzán…
–También yo tenía mis *sospechas*, por eso recurrí a la policía de La Coruña. Conozco al comisario de allí, y sé que él no conocía a Louzán. Gracias a eso pudieron ayudarnos.
En ese momento llega Maruxa con una gran *olla*.
–Bueno, basta de charla, que se enfría la cena –dice con una sonri-

sa, a la vez que levanta la *tapa* de la *olla* donde se ve un *abundante pulpo* con pimentón.

–Mmm… *Pulpo* a la gallega, mi plato preferido –dice Elsa.

Maruxa reparte la cena entre todos los amigos.

–Riquísimo.

–Delicioso…

–Pues de postre hay Tarta de Santiago.

–Desde luego se come muy bien en Galicia –admite Virginia.

–Hablando de Santiago, mañana tenemos que ir a la Catedral… –dice Gregorio.

–Pensaba que habíais ido ya –dice Clara.

–¿Cómo íbamos a ir sin ti? –pregunta Roberto.

–Vaya, gracias… –dice Clara, *sonrojándose*.

–¿Se te ha olvidado que somos un equipo? –pregunta Elsa.

En ese momento Raimundo *descorcha* una botella de *albariño* y llena las copas.

–Propongo un *brindis*… ¡Por los buenos compañeros!

–¡Y por la *Santa Compaña*! –añade Gregorio.

–¡No, por eso no! –grita Maruxa.

Todos ríen, y brindan de nuevo por la amistad.

# VERANO PORTEÑO

**Iñaki Tarrés**

## Capítulo 1: Vuelo 537 con destino Buenos Aires

Me llamo Sabina, tengo más de 10 años de experiencia como *azafata* y me han pasado muchas cosas curiosas. Tengo bastantes anécdotas que contar y siempre tuve mucha suerte. Por ejemplo, estuve en Tailandia y Malasia la semana anterior al tsunami de 2004, y en Bangkok tres días antes de los atentados de 2008, y en Beirut dos días antes de empezar los bombardeos. No sé por qué, me salvo siempre de muchas situaciones peligrosas. Nunca me pasó nada. Sólo esta vez pasó algo peligroso, y yo fui protagonista. Es lo que voy a contar ahora aquí.

! ÜBUNG 1

*Übung 1: Lesen Sie weiter und unterstreichen Sie die richtige Variante!*

Tengo que confesar (1.) que/cuando no sé muy bien (2.) qué/cómo explicarlo. Yo no escribo (3.) mucho/muy frecuentemente. Me gusta la vida: disfrutar, viajar, conocer gente, hablar (4.) con/en todo el mundo, ver cosas nuevas. (5.) No/Sí me da miedo lo desconocido, aunque (6.) también/tampoco busco el riesgo: en mi profesión la seguridad es lo (7.) más/menos importante. Me fascinan en especial (8.) los/las países del sur de Asia, pueden ser peligrosos, pero no me *asustan*, al contrario.

¡Ah!, y nunca hago fotografías: una foto es como un *pedazo* de vida que está muerto, y a mí me gusta la vida. Río mucho, miro directamente a la gente, pregunto cosas inapropiadas en momentos poco oportunos pero nunca recibo una respuesta *desagradable*. Sé que no *molesto* con mis preguntas, porque sé que transmito alegría. *Así que* normalmente no escribo, pero la policía me pide que cuente la historia, y ahora que tengo que hacerlo, no sé muy bien cómo. Voy a escribir como hablo, espero que se entienda todo bien. Si no se entiende, por favor, *envíenme* sus preguntas. Luego les doy la dirección electrónica.

No soy alta, ni delgada, ni tengo un pelo brillante, ni soy especialmente joven, ni soy rubia, mis ojos no son azules y mi *piel* ya no es tan *suave* como antes. Además, tengo una cicatriz debajo del ojo derecho por una herida que me hice de pequeña, en la casa de mis padres, en el barrio de Florida, en Buenos Aires. Bien, no soy la típica *azafata* de las películas. Soy una mujer normal, muy normal, de hecho, un poco gordita, creo, y por eso voy de vez en cuando al gimnasio, sin disciplina porque no soy nada disciplinada. *En cambio*, sí tengo mucha intuición con las personas. Me guío por el instinto, y casi nunca me *equivoco*. Sé que atraigo a la gente, y, ¿saben por qué? Porque soy alegre y comunicativa. Necesito a la gente, hablar con la gente, relacionarme. Me gusta mucho reír. Casi todos mis amigos viven muy cerca, en el mismo barrio y *hasta* en mi misma calle. No imagino la vida sin ellos. No les digo el nombre de la calle porque no quiero visitas. Sólo les puedo decir que es una calle con mucha vida, con muchos *comercios*, restaurantes, bares. Me gusta salir de noche y *encontrarme con* alguno de mis amigos. Ah, y no tengo novio, no lo necesito, estoy bien así.

*Übung 2: Setzen Sie die richtige Form der 1. und 3. Person Singular des Indefinido ein!*



1. ir ________ ________   2. ser ________ ________

3. venir ________ ________ 4. estar ________ ________

5. llegar ________ ________ 6. haber ________ ________

7. conocer ________ ________ 8. enseñar ________ ________

Bueno, eso es ahora. Hubo un par de grandes amores en mi vida (perdonen si les cuento un poco de mi vida íntima, pero van a ver que es importante para entender bien la historia). Primero está mi gran amor de la infancia. No les voy a decir el nombre, me han dicho que no puedo poner nombres reales, *así que* les cuento sólo que su nombre empezaba por M. Qué curioso, ahora me *doy cuenta de* que el segundo y el último novio también tienen nombres que empiezan por M. *Así que* podemos hablar de M1, M2 y M3, etc. El primer M fue un amor total, de los que no se olvidan. Yo era muy joven. Allá, en el barrio de Buenos Aires donde vivía. Todavía tengo contacto con él, periodista, se casó, tiene dos niñas, se *separó* y ahora vive con una chica más joven. Él sí escribe bien. No leo mucho sus artículos, son de política y a mí me interesan más las historias de la gente, sobre todo de la gente famosa (es lo que puedo leer en el vuelo durante las pausas). Lo que más recuerdo de él: su olor. Me enseñó todo sobre los olores. Bueno, todo lo necesario. Si está en una habitación y tengo los ojos cerrados, puedo encontrarlo por el olor.

M2 es el amor con el que he estado más tiempo. La relación duró casi seis años. Él dice que un *ciclo vital* dura normalmente seis años. Al final de cada periodo cambia de ciudad o de *pareja*. En mi caso, fue de *pareja*, pero no *rompió* él, *rompí* yo. A los dos o tres años me *di cuenta de* que no era el hombre de mi vida, aunque estaba totalmente enamorada de él. *Tardé* otros tres años en decírselo y así terminó uno de sus *ciclos* de seis años con los que fabrica su vida. Qué tontería, la vida no está hecha de *ciclos*, está hecha de momentos: momentos fantásticos o tristes, momentos de confusión o de desorden, momentos de decisión o de *duda*, así es la vida. Cada uno, digo yo, tiene que vivir sus momentos de la manera más intensa y auténtica posible. Y bien, de él aprendí a conocer el carácter y el estado de ánimo de la gente mirando la ropa que lleva. Era un gran *observador*. Nos sentábamos en las terrazas de los bares de las calles de Madrid a observar a la gente y a inventar sus vidas mirando su forma de vestir, de andar, de mirar. Sí, ya digo, un gran *observador*.

Luego ha habido unos cuantos emes pequeñitos, pero no hace falta hablar ahora de todos. Esos dos son suficientes para decir lo que quiero decir. Algunas compañeras de trabajo se *sorprenden* cuando digo que no tengo *pareja*. Una chica joven y alegre puede ser perfectamente feliz sin *pareja*, ¿no creen? Como digo, fue difícil aprender a vivir sola, pero ahora estoy contenta: tengo mucho tiempo para mí, no tengo que hacer cosas que no me gustan. Cuando estoy, estoy, y cuando no estoy, no estoy. Ahora, si veo a un hombre que me gusta, no voy a mirar en otra dirección, ¿no?

Bueno, pero ya me dicen que me voy muy lejos en mi relato. Yo prefiero contar la historia de mis novios, pero tengo que contar la historia del vuelo 537 de Madrid a Buenos Aires en un Boeing 747. No diré la *compañía aérea* con la que volaba, pero sí que yo iba de pasajera y no como *azafata*. Es divertido ver trabajar a tus compañeros de trabajo y no tener que…

Bien, lo siento, ya me centro en la historia. Lo voy a decir rápido: *desapareció* un pasajero, nadie sabía dónde estaba y yo lo encontré. Es decir, *resolví* el misterio. A ver si lo explico claramente y se entiende. Ya digo, si no entienden algo, me *envían* sus preguntas y yo contesto. Mi dirección es… Ah, ¿no puedo dar mi dirección electrónica? Qué lástima.

*Übung 3: Sind die Aussagen korrekt? Markieren Sie mit richtig ✔ oder falsch – !*

1. Sabina es argentina. ☐
2. A Sabina no le gusta nada su profesión. ☐
3. Sabina ha tenido en su vida sólo dos novios. ☐
4. El primer novio se lo enseñó todo sobre los olores. ☐
5. El segundo novio era periodista. ☐
6. Sabina es una mujer espontánea. ☐
7. Sabina va a contar lo que le pasó en el vuelo 537. ☐

## Capítulo 2: Facturación y embarque

Llegada al aeropuerto. En metro, como siempre. La maleta grande con la ropa de verano (estamos en enero, allá es verano, claro), el *equipaje de mano*, el pasaporte, algo para leer, ¿qué más? No me acuerdo. Hay algo que no llevo: el uniforme de *azafata*. Cuando entro al aeropuerto, me siento más *ligera* sin él, pero rara, como *desnuda*. Nadie se *fija en* mí. Bueno, sí, se *fijan* algunos hombres, pero me ven como a una mujer normal, una pasajera más. Veo a otras *azafatas* entrar por la puerta de personal, 'Staff only', el inglés por todas partes. Veo a algunas *azafatas* y azafatos que conozco. Uy, perdón, no se dice "azafato", siempre lo digo pero no se dice. Ustedes me entienden, ¿no? Bien, estoy en el aeropuerto, me *acerco* a un grupo de tres *azafatas* de mi *compañía aérea*. Voy a poner nombres falsos, me dicen que no puedo poner nombres reales. De hecho, yo no me llamo Sabina.

–Hola, Carmen.

–¡Sabina! ¿Qué tal? ¿Trabajas hoy?

–No, estoy de vacaciones, voy a la Argentina.

–¿A ver a tus padres?

–Claro.

–Qué bien. Justamente nosotras volamos hoy a Buenos Aires.

–¡Ah!, ¿sí?

–Me encanta, va a ser divertido, ¿no te parece? ¿Y sabes quién vuela también? ¡Adivina!

–No me digas, ¿Carlos?

–¡Qué va! Carlos cambió de *compañía*. ¡Marcelo!

–¿Marcelo? Oh, no, ese play-boy barato. Siempre está *intentando levantarse a* alguna *azafata* o a alguna pasajera. No lo *soporto*. Cree que es un hombre *irresistible* y es sólo un tipo arrogante.

–Claro, como *intentaste ligártelo* y él no te hizo caso, hablas mal de él.

–¡No es verdad! Lo que pasó fue que…

–Perdona, es que ya nos vamos a la base.

–Claro. Nos vemos dentro.

–Claro. Chao.

–Chao.

ÜBUNG 4 !

*Übung 4: Bringen Sie die folgenden Wörter von der Ankunft am Startflughafen bis zum Verlassen des Zielflughafens in eine logische Abfolge!*

***(desembarcar, facturar, embarcar, volar, aterrizar, recoger el equipaje, llegar al aeropuerto, salir del aeropuerto, pasar el control de la policía, despegar)***

1. ______________________ 2. ______________________

3. ______________________ 4. ______________________

5. ______________________ 6. ______________________

7. ______________________ 8. ______________________

9. ______________________ 10. ______________________

La base es el sitio donde las *azafatas* nos reunimos para recibir de la jefa de *azafatas* las instrucciones del vuelo. También es el sitio donde se distribuyen las posiciones dentro del avión, quién se pone en la puerta, quién hace la cocina, todas esas cosas. En un avión grande como un Boeing 747 hay muchas *azafatas*: quince en total con las dos jefas, la P2, que es la más importante, y que trabaja en su cabina con su ordenador, y la P1, que está con las *azafatas*. Creo que es importante explicar estos detalles, porque la historia que les voy a contar es una historia de *azafatas*. Yo prefiero trabajar en primera clase, en el piso de arriba, porque somos menos, sólo tres *azafatas*, y se trabaja mejor porque hay menos pasajeros. Abajo somos diez *azafatas* para más de trescientos pasajeros, una *locura*. Bueno, ya veo por sus caras que se aburren. Luego quizás les cuento más cosas de las *azafatas*.

Voy al *mostrador* de la oficina aérea con mi equipaje. Me pongo a la cola. Justo delante de mí hay un hombre, luego dos familias, varias *parejas*, un grupo de jóvenes, más *parejas*… Calculo unos veinte minutos de espera. *Compruebo* el número de mi vuelo, el equipaje, el pasaporte, el dinero, el móvil. Entonces lo noto: ¡ese olor! No sé de dónde viene. Me recuerda automáticamente a M1, los paseos por la playa, el viaje a la Patagonia, su casa de Bahía Blanca, su familia de Vigo, no, de Gijón, siempre lo confundo. Una de sus colonias favoritas, ¿puedo decir el nombre de la colonia? ¿Tampoco? Qué pena. Es la colonia de hombre que más me gusta. No puedo *resistirlo*. Una colonia llena de recuerdos, de frescura, mezcla de tabaco y… y… y hombre. Es el pasajero que tengo delante. Sólo le veo la *espalda*, lleva una *gabardina* gris y un sombrero beige, un *portafolios* azul en la mano, un reloj de *muñeca* muy elegante, no voy a decir la marca, pero elegante, pantalones de vestir y zapatos de charol, marrones, muy bonitos. Me encantan los zapatos, para mí es lo que más identifica a un hombre, la elección de los zapatos. *Así que* aquel pasajero era *irresistible*, todo lo hacía *irresistible*: el olor de la colonia, la *gabardina*, el sombrero y los zapatos. Tenía que hablar con él.



*Übung 5: Was macht Sabina? Setzen Sie die folgende Textpassage in die 3. Person Singular!*

Voy al *mostrador* y me pongo a la cola. Delante de mí hay un hombre. Calculo unos veinte minutos de espera. *Compruebo* el número de mi vuelo. Entonces lo noto: ¡ese olor! No sé de dónde viene. Me recuerda automáticamente a M1.

Sabina va al mostrador... ____________________

____________________

____________________

____________________

____________________

____________________

–Hola.

–...

No reacciona, "¿qué le pasa?", pienso, un poco *enfadada*.

–Disculpe, oiga.

–...

Nada, no mueve un músculo.
–¡Oiga! –grito.
Ahora sí se *vuelve*. Parece *enfadado*, estaba hablando por teléfono y lo he interrumpido. Quizás la conversación era importante. Pienso en renunciar, pero ese olor y esos zapatos y ahora esos ojos no me dejan pensar con claridad. Tengo que inventar algo rápido.
–Disculpe, ¿esta es la cola para Buenos Aires? –"¡qué tontería!", pienso.
–¿Cómo?
–Que si esta es la cola para Buenos Aires.
Se me queda mirando con cara de *asombro*, debe de pensar que estoy loca o que soy la mujer más estúpida del planeta, pero de pronto, después de mirarme intensamente durante al menos diez eternos segundos, dice:
–Te llamo luego, tengo una idea –y apaga el móvil. Me mira, me sonríe.
–¿Para Buenos Aires? ¿La cola para Buenos Aires? Claro, claro, sí, disculpe, es que es muy divertido lo que ha dicho.
–Yo no lo encuentro divertido. ¿Va usted a Buenos Aires?
–Sí, claro, esta es la cola para Buenos Aires –me dice irónicamente, pero esos ojos, ese pelo marrón dorado, esos *labios*, ya no sé qué dice, sólo sé que he dicho una de mis típicas tonterías y que el efecto, como siempre, me beneficia. Bien, ya está el contacto, ahora hay que mantenerlo, que es lo más fácil. Hablamos del vuelo, de los billetes, de las horas que *tarda*, de las *azafatas*, le digo que soy *azafata* de profesión, que voy a ver a una parte de mi familia que vive allá, la otra parte no vive en la Argentina, volvieron a Europa hace tiempo.
–¿A España?
–Una parte sí, la otra se fue a Israel, aunque también tengo familia en Alemania.

–¡Qué interesante!
–Sí, bueno, es normal en Argentina, todos tenemos familia de muchos lugares del mundo… –y me pongo a hablar de mi familia, mi tema favorito. Seguimos hablando, que es lo importante. Me pregunta por Buenos Aires, no ha estado nunca, necesita un buen hotel, algo tranquilo en el barrio del tango.
–¿Un buen hotel tranquilo en el barrio de Boca? Pues no sé, no conozco ninguno, pero seguro que mi padre sí. Mire, le doy mi teléfono y mañana me llama y le localizo un buen hotel en Boca, ¿le parece?
–Muy bien. Anote su teléfono en esta revista.
–Aquí está. Tome –le devuelvo la revista, una revista de color amarillo.
"¡Ya lo tengo!", pienso, "ya tiene mi teléfono y me va a llamar. ¡Qué emoción!".
De esa manera, entre conversación y olor a colonia, llega su turno. Se aleja, va a *facturar*, no, un momento, sólo tiene *equipaje de mano*, pero en ese momento no me parece raro, mucho después recordé que no *facturó* equipaje. Con su *tarjeta de embarque* en la mano, se *vuelve*, me hace un gesto de "nos vemos del otro lado" y se aleja hacia el control de la policía. Yo me quedo parada, alguien me *empuja*, la chica del *mostrador* me llama, pero estoy paralizada por la impresión del olor de ese hombre. Se *acerca* la chica de la *compañía* y me pregunta si estoy bien.
–¿Qué? Sí, sí, estoy bien, gracias.
Por fin *facturo* mi equipaje.
"Eh, Sabina", me digo, "rápido, que se va". Paso el control de la policía, llego a la sala de espera, miro a todas partes, pero no lo veo. Quiero volver a hablar con él, no, tengo que volver a hablar con él. Es necesario, es importante, ¡es *imprescindible*! Busco su olor por la sala, como un perrito. Bueno, la comparación no es muy

buena pero es lo cierto: *intentaba* encontrarlo por el olor, pero no lo veía. Voy a las tiendas, entro en las cafeterías, y nada. Lo busco durante media hora, y nada. Hay que *embarcar*. Estoy un poco lejos de la *puerta de embarque* cuando lo veo, otra vez *de espaldas*, la *gabardina*, el sombrero, el *portafolios* en la mano. Demasiado lejos para llamarle, para gritar su nombre, y de todas formas no sé cómo se llama. Veo que entrega la *tarjeta de embarque* y entra por la puerta de número 37 al Jumbo *rumbo a* Buenos Aires con salida a las 14:09. "Perdido", pensé, "perdido para siempre", y es exactamente lo que pasó, porque no he vuelto a verlo, y aunque me dicen que se trata de un *asesino* bastante peligroso, nunca olvidaré su olor.

! ÜBUNG 6

*Übung 6: Sind die Aussagen korrekt? Markieren Sie mit richtig ✔ oder falsch – !*

1. Sabina es azafata pero viaja como pasajera. ☐
2. En la facturación conoce a un pasajero que le gusta. ☐
3. La familia de Sabina ha vivido en Israel. ☐
4. El pasajero necesita un hotel en Buenos Aires. ☐
5. El pasajero le da a Sabina su número de teléfono. ☐
6. Vuelven a encontrarse en la puerta de embarque. ☐

## Capítulo 3: En pleno vuelo

*Asiento* 373C. Casi al final del avión. Cuando entran los pasajeros siempre hay un poco de confusión, y yo no soy especialmente alta, muchos pasajeros son más altos que yo, *total que* no puedo ver dónde se sienta el hombre de la *gabardina*. Lo que sí *distingo* claramente, y es algo que me confunde desde el primer momento, es su olor. Llego a mi *asiento*, pongo el *equipaje de mano* en el *maletero* encima de los *asientos*, aprovecho los últimos minutos para buscar al hombre cuando por fin veo su sombrero allá delante, bastante lejos de mi. Es apenas un momento, no puedo calcular dónde está su *asiento*. *Así que* me siento y me *abrocho el cinturón de seguridad*. Observo el ir y venir de las *azafatas* pensando en esas manos, en esa voz, en esos ojos. Bueno, por fin *despegamos*. A los pocos minutos estamos ya en el aire y se apaga la luz del *cinturón* encima de mi cabeza: me levanto y empiezo a *recorrer* el avión. Como las *azafatas* me conocen, y algunas me saludan, me dejan ir y venir libremente. Pero no lo encuentro.

*Übung 7: Bilden Sie die Partizipien der folgenden Verben!*

ÜBUNG 7 !

1. enfadarse ____________ 2. secuestrar ____________

3. esconderse ____________ 4. despegar ____________

5. decepcionarse ____________ 6. hacer ____________

Al fondo veo a la P2 sentada delante de su ordenador. Sé que no le gusto, tengo que tener cuidado, no quiero tener problemas con ella, *así que* me alejo. Voy de un lado a otro, pero nada, el hombre de la *gabardina* no está. Me pongo nerviosa, un poco triste, estoy *decepcionada*, el hombre me gustaba. El olor es ahora muy *suave*, y no puedo identificar ninguna zona en concreto. No veo al hombre. "No puede ser", pienso, "no puede ser, esto es una *locura*", y no puedo preguntarles a las *azafatas* si falta alguien de la lista.

–Hola, Sabina, ¿estás buscando algo?

–No, Carmen, es que *echo de menos* mi trabajo de *azafata*.

–¿En serio? Uhm, no sé. ¿Seguro que no estás buscando algo? ¿O a alguien?
–¿Crees que quiero *levantarme a* algún pasajero?
–No sé, puede ser. Como estás de vacaciones, la P2 no se va a *enfadar*.
–La P2 nunca me *retó*, Carmen, y eso tú lo sabes.
–Tranquila, hija, que estoy de tu parte.
–Oye, ¿no has notado un olor a colonia especial por aquí?
–¿Un olor? Uy, chica, qué cosas tienes. Bueno, perdona, llama un pasajero.
Al fondo veo una luz. Tengo un primer impulso de ir a ver qué quiere el pasajero, pero recuerdo que no estoy trabajando. Veo a Carmen que se aleja. Estoy a la mitad del avión, cerca de las escaleras que suben a primera, pienso que quizás está arriba, aunque en teoría no puede ser porque los pasajeros de primera entran por otro lado, ¿y si pregunto a la P2 si puedo subir? Vuelvo a mi *asiento*. Al rato, me levanto y me *acerco* a las escaleras. Sí, el olor está por esa zona, pero el hombre no está. Pienso que quedan muchas horas de vuelo y que me tengo que olvidar del hombre. Es entonces cuando *aparece* Marcelo.
–¡Sabina! ¡Qué agradable sorpresa! ¿No me digas que has venido a hacernos una visita?
–Hola, Marcelo.
–¿Cómo que "hola Marcelo"? Por favor, chica, un par de besos, ¿es que ya no saludas a tus compañeros de trabajo?
–Perdona, pero hace mucho que no trabajamos juntos.
–¿Todavía estás *enfadada* conmigo?
–¿Qué? ¿*Enfadada* yo? No vales tanto.
–Sabinita, no te pongas así, eso pasó hace mucho.
–Mira, Marcelo, déjame tranquila.
–He visto que vas de un lado a otro del avión, ¿estás buscando

algo, Sabrina? ¿O a alguien?

–A ti no te importa.

–Perdona, pero sí me importa, y lo sabes perfectamente, nos importa todo lo que pasa en el avión, nuestra responsabilidad es la seguridad de nuestros pasajeros y...

–Conozco las normas tan bien como tú, no me des lecciones.

–Pues entonces dime qué estás buscando, todos nos hemos *dado cuenta*.

–Mira, me voy a mi *asiento* y así vas a estar más tranquilo.

A Marcelo no se lo puedo decir, va a pensar que quiero *levantarme al* pasajero de la *gabardina*. Tengo que *descubrir* yo sola lo que pasa. Le *doy la espalda a* Marcelo y vuelvo a mi *asiento*.



*Übung 8: Setzen Sie die Infinitive in die entsprechende Form!*

1. no dar (negierter Imperativ, 2. Person Singular) ______________

2. tener (Präsens, 1. Person Singular) ______________

3. decirme (Imperativ, 2. Person Singular) ______________

4. irse (Präsens, 1. Person Singular) ______________

5. mirar (Imperativ, 2. Person Singular) ______________

6. pensar (Präsens, 1. Person Singular) ______________

Cada vez que me siento y me levanto, tengo que pasar por delante de una niña muy guapa que me mira con sus enormes ojos marrones.

–Perdona, tengo que volver a pasar.

–¿Quieres cambiar de *asiento*?

–Ah, bueno, muchas gracias. ¿Cómo te llamas?
–Estrella, ¿y tú?
–¡Qué nombre tan bonito! Yo me llamo Sabina. ¿Viajas sola?
–No, mis hermanos y mi padre están ahí delante, esos dos niños rubios de ahí.
–¡Qué guapos son! ¿Y van a la Argentina?
–¡Qué pregunta tan tonta! Claro que vamos a Argentina. No hay otra posibilidad, este avión va a Buenos Aires, y no podemos salir de él, ¿no?
–Tienes razón, es la segunda vez que hago la misma pregunta tonta.
–Pareces nerviosa, ¿te pasa algo?
Miro a la niña y me pregunto si puedo decirle la verdad. Instintivamente decido que sí puedo.
–En la *facturación* conocí a un hombre. Es un secreto, ¿bien? A ti te lo puedo contar.
–¿Y?
–Es muy guapo, y quiero volver a hablar con él pero no lo encuentro.
–Pues búscalo.
–Ése es el problema, ya lo busqué, pero no lo encuentro por ninguna parte. Sólo me falta mirar en primera clase.
–Si entró, tiene que estar dentro, nadie puede salir de un avión en pleno vuelo.
–Oye, tienes razón.
–Sí, es como una habitación cerrada por dentro. Fuera no hay nada, el aire, las nubes, los ángeles.
–¿Crees en los ángeles?
–Claro, mis hermanos, por ejemplo, son dos angelitos. Se portan siempre muy bien.
–Vaya, debes de ser una hermana estupenda.
–Si quieres, te ayudo a encontrar a ese hombre. Parece un misterio

muy interesante. Una vez leí un cuento sobre eso. Hay una habitación cerrada por dentro, sin ventanas, y al abrirla encuentran a una mujer *asesinada*, pero el *asesino* no está. La policía no sabe cómo *resolver* el misterio. ¿Te gusta la literatura?
–Ay, Estrella, yo no leo mucha literatura, ¿sabes?
–¿De verdad? ¿Y qué te gusta, entonces?
–Viajar.
–Como a mí.
–Entonces, ¿me quieres ayudar?
–Claro, ¿cómo puedo hacerlo?
–Tenemos que mirar arriba, en primera, pero yo no puedo subir porque ese azafato de ahí me *vigila*.
–No se dice "azafato".
–Ya lo sé, es que no me gusta, ¿sabes? Tienes que subir tú. Mira, llamas a una *azafata* y le dices que quieres ver el piso de arriba. Subes y buscas al hombre. Es alto, lleva una *gabardina* gris, sombrero y un *portafolios*. ¡Ah!, y huele muy bien. No lleva gafas, tiene los ojos marrones y… el pelo corto con algunas *canas*, moreno y… ah, sí, lleva una revista de… ah, ya me acuerdo, una revista de 'National Geographic'. ¿Sabes cómo es esa revista?
–Sí, una revista amarilla, a veces la leo, la puedo identificar fácilmente.
–Mira, llamamos a esa *azafata*. Oye, perdona, esta niña te quiere pedir algo.

### *Übung 9: Wie lautet das Gegenteil? Ordnen Sie zu!*

ÜBUNG 9 !

| | | |
|---|---|---|
| 1. | ☐ alejarse | a) salir |
| 2. | ☐ subir | b) llegar |
| 3. | ☐ entrar | c) levantarse |

4. ☐ salir — d) acercarse
5. ☐ ir — e) bajar
6. ☐ caerse — f) volver
7. ☐ empujar — g) aterrizar
8. ☐ despegar — h) tirar de

Veo a Estrella *alejarse* por el pasillo, parece que los hermanos también quieren ir, el padre les da permiso y veo al grupito *alejarse*. Suben las escaleras y *desaparecen* en el piso de arriba. Al poco rato, vuelven los dos hermanos corriendo por el pasillo con regalos y llegan hasta el padre. Le muestran los regalos, pero Estrella no vuelve. *Tarda* un rato aún. Por fin, al cabo de quince minutos, está sentada a mi lado.

–Sabina, un pasajero me ha dicho que ha visto a un hombre con *gabardina* y un *portafolios* que ha subido *por equivocación* a la primera clase y ha bajado luego a la clase económica, pero que ha dejado en un *asiento* esto. Mira: la revista.

–¡Pero qué lista eres, niña!

–¿Es la que tú decías?

–Sí, mira, éste es mi número de teléfono en Buenos Aires. Me dio la revista y escribí en ella mi número. Ahora sabemos que el hombre entró en el avión. Ya tenemos una *prueba*. Hay que hablar con Carmen. Anda, ve tú a llamarla. Es aquella *azafata* que va por allí con la bandeja, ¿la ves? Es muy simpática, ella nos va a ayudar. Dile que nos vemos en la *cola del avión* junto a las literas.

–¿El avión tiene literas?

–Claro, ¿dónde crees que duermen las *azafatas*?

–¿Cómo lo sabes?

–Es que yo soy *azafata*.

–Yo quiero ser como tú, *azafata*, y viajar por el mundo.

–Anda, Estrella, ve a buscar a Carmen.

Ella va hacia delante del avión y yo me voy a la cola.
–Estrella, cuéntale a Carmen lo que hemos *descubierto*.
Carmen escucha atentamente, le parece todo muy *sospechoso*.
–Tenemos que mirar la lista de pasajeros.
–No, Carmen, ya sabes cómo es la P2. No le preguntes nada aún. Necesitamos más *pruebas*. Hay que encontrar la *gabardina*.
–Para eso –dice Estrella– te puedes *guiar por* el olor. Sabina puede decirte dónde.
–Sí, Estrella tiene razón. Mira cerca de la escalera.
Las dos vemos a Carmen *alejarse* por el pasillo. Cuando llega a las escaleras, abre dos o tres *maleteros* hasta que la encuentra, y también el sombrero. Nos mira con los ojos muy abiertos, y yo le digo a Estrella:
–Ésa es, ¿ves?, de color gris, y el sombrero. Está en el avión.

*Übung 10: Lesen Sie weiter und setzen Sie das korrekte Pronomen in die Lücken ein!*
***(mi, te, se, lo, la, me)***



Cuando vuelve Carmen (1.) ______ lo contamos todo. Bueno, se (2.) ______ cuenta Estrella. Carmen (3.) ______ mira muy *seria*.

–¿Y no es un tipo que (4.) ______ quieres *ligar*?

–¿Qué significa eso? –dice Estrella.

– Eso significa que tu amiga Sabina quiere *conquistar* a un pasajero.

–Es que es muy guapo y huele muy bien –dice de pronto la niña.

(5.) ______ miro con sorpresa: en ese momento decido que no sólo es la chica más lista del planeta, sino que además va a ser (6.) ______ amiga toda la vida.

## Capítulo 4: Pistas falsas

–¿Qué están haciendo aquí?

Es la P2, la jefa de *azafatas*. No le caigo bien, y siempre que trabajo con ella, busca alguna *excusa* para *retarme*.

–Hola, P2.

–No me llames así, Sabina. Te lo he dicho mil veces.

–Le estamos enseñando a esta niña tan guapa las literas donde duermen las *azafatas* –dice Carmen.

–Es que yo, de mayor, quiero ser como ustedes, *azafata*.

–Bien, terminen pronto que hay cosas que hacer –dice la P2 *enfadada*.

–¡Pero si los pasajeros están durmiendo! –dice Estrella.

–Mira, niña, si quieres ser *azafata*, tienes que aprender a respetar a la jefa de *azafatas*, que soy yo.

–¿Y usted se llama P2? Qué nombre tan raro.

La P2 la mira un momento sin entender la ironía de Estrella, se *da la vuelta* y se aleja de nosotras.

–Sabina, ¿qué significa P2?

–Es como se le llama a la jefa de *azafatas*. Hay dos, la P2 y la P1. La más importante es la P2, el nombre viene del inglés.

–¿Y tú qué eres?

–¿Yo?, nada, *azafata* normal.

–¿No eres P3?

Carmen y yo nos miramos y nos ponemos a reír. Le enseñamos las literas y regresamos a nuestros *asientos*.

–Estrella, tenemos que seguir buscando al pasajero.
–Alguien tiene que ir a la *bodega de carga*, donde los equipajes.
–No, Estrella, es imposible bajar a la *bodega* desde aquí, eso son cosas de las películas. Tenemos que hablar con el resto de *azafatas*. Carmen ya lo sabe. Tengo que hablar con Marcelo.
–¿Quién es Marcelo?, ¿ése que es tan guapo?
–No es tan guapo, es un boludo.
–¿Qué es 'boludo'?
–Idiota, tonto, estúpido.
–¿Puedo hablar yo con el boludo?
–No, espera, ahora voy yo.

*Übung 11: Setzen Sie die richtige Form von* ***ser*** *oder* ***estar*** *ein!*



1. ¿Dónde ________ mi tarjeta de embarque? No la encuentro.

2. Sabina ________ muy preocupada porque no encuentra al pasajero.

3. Algunos pasajeros del avión ________ ya dormidos.

4. Sabina piensa que Estrella ________ muy lista.

5. El avión ________ bastante grande.

6. Sabina le dice a Marcelo que ________ muy gracioso.

Marcelo está en una de las literas. Abro la puerta y lo encuentro medio vestido. Está escribiendo.
–¡Hombre, Sabina! ¿Por fin te has *decidido* a pasar un ratito conmigo?
–¡Qué gracioso eres, *che*! He venido a hablar contigo. ¿Qué haces?
–Estoy escribiendo una novela.

Me *acerca* el papel. Leo, "La arena de las dunas llega hasta la calle. El viento sopla *suave*…". Marcelo me quita el papel de la mano.
–Es una historia que estoy escribiendo para una editorial.
–No sabía que escribes.
–Hay muchas cosas que no sabes de mí.
–Bueno, mira. Vengo a hablar contigo de otra cosa. Escucha con atención, ¿entendido? He *descubierto*… mejor dicho, hemos *descubierto*… a ver cómo te lo explico.
–Has encontrado a un pasajero que te gusta y necesitas ayuda para *ligártelo*.
–No es tan fácil y no quiero *ligármelo*, como *decís vos*. Lo que pasa es que no está en el avión, no lo encontramos.
–¿No lo encontráis? ¿Quiénes no lo encontráis?
–Yo, Carmen y una niña muy lista que se llama Estrella.
–¿Ésa tan guapa que está sentada a tu lado?
–Ésa misma.
–Lo que dices es muy grave. Si se *entera* el piloto, tendremos que bajar donde sea.
–Claro, y los pasajeros no deben saber nada porque se pueden poner nerviosos y podemos tener un verdadero problema.
–Tienes razón. Hay que hablar con la P2.
–Sí, pero con cuidado. Lo tienes que hacer tú, si le hablo yo no me va a creer.
–¿Qué sabes de ese hombre?
–Poco, hablé con él en la *facturación*. Llevaba una *gabardina* gris, un *portafolios*, un sombrero y una revista de la 'National Geographic'. Lo hemos encontrado todo menos el *portafolios*.
–Tenemos que encontrar primero el *portafolios*. Espera, me pongo los pantalones y salgo.
Noto de pronto que a mi lado está Estrella, escuchando con mucha atención. Busco a la P2: está en su cabina, lejos de nosotros. Mar-

celo baja de la litera y se viste. Afuera, le digo dónde está la *gabardina*. Va hasta el lugar y la saca del *maletero*. Nadie lo mira. El *portafolios* está debajo. Le digo por señas: "abre el *portafolios*", pero me dice que no con la cabeza. Entonces le pido la *gabardina*.

–Sabina, no se puede abrir el *portafolios*, ya lo sabes –me *susurra* a la oreja Marcelo cuando vuelve a donde estamos nosotras. Trae la *gabardina*.

–Sí, ya lo sé, son *medidas de seguridad* –yo también *susurro*.

–Tenemos que encontrar de quién es el *portafolios*, pero sin alarmar a los pasajeros.

–Aún no.

–Sabina –dice Estrella, también *susurrando* –mira en el bolsillo de la *gabardina*, hay algo.

–A ver –meto la mano en el bolsillo y saco una *tarjeta de embarque* y un *recibo de compra*, el de la revista. Meto la mano en el otro bolsillo y saco una hoja de papel con un plano dibujado a mano.

–¿Qué es eso? –pregunta Estrella.

–No sé exactamente, parece el plano de una ciudad.

–Lee los nombres de las calles.

–A ver, calle Corrientes, Plaza de Mayo, Obelisco…

–¿De dónde son? –pregunta Estrella con voz de misterio.

–De Buenos Aires –responde Marcelo por mí.

–¿Qué habéis *descubierto*? –pregunta de pronto Carmen, que se ha *unido* al grupo.

–¡Qué haces, Carmen! –dice Marcelo alarmado–. Si la P2 nos ve, va a *darse cuenta de* que pasa algo.

–No, ya me he *dado cuenta* –oímos los cuatro a nuestras *espaldas*. Es la P2, con mirada de policía. Nadie dice nada, Estrella es la única que habla.

–Buenas noches, señora P2, ¿cómo le va?

–Me van a explicar ahora mismo qué es esta *reunión*.

Cuando Marcelo acaba de explicar lo que pasa, la cara de la P2 está más roja que un tomate. Está verdaderamente *enfadada* porque en el avión están pasando cosas muy graves y nadie le ha informado de nada.

–Voy a *despediros* a todos, incluida a ti, Sabina.

–Pero P2 –nos defiende Estrella –todo lo que han dicho es verdad...

–¡Cállate, *mocosa*! Aquí la única verdad es que Sabina quiere *acostarse* con un pasajero y esta vez la he *descubierto*, y además, ustedes dos, Carmen y Marcelo, la están ayudando. Sabina, usted mezcla su vida privada con el trabajo y además manipula a sus compañeros para *conseguir* sus objetivos personales. Esto, Sabina, le va a costar caro.

–Pero...

–Nada de nada. Ustedes a su trabajo, y Sabina, siéntese en su *asiento* y no ponga nerviosos a los pasajeros. Respecto a ti, jovencita, dime ahora mismo dónde está tu padre.

–¡No se lo voy a decir, vieja *bruja*!

La P2 está verdaderamente *enfadada* pero no puede gritar porque los pasajeros duermen. Se va echando humo por las orejas con la *gabardina* en la mano.

–¡Muy bien, Estrella! Eres una niña con carácter.

–¿Qué vamos a hacer ahora, Sabina?

–No lo sé, porque ya no podemos hablar con Carmen ni con Marcelo. Tampoco podemos abrir el *portafolios*, pero tenemos el plano y la *tarjeta de embarque*.

–No lo tenemos, la *bruja* se lo ha llevado todo con la *gabardina*.

–¿Y no recuerdas el número de *asiento*?

–No.

–Vaya, qué lástima. ¿Y la revista?

–Aquí está. Mira, hay un artículo sobre Buenos Aires y algunas cosas están *subrayadas*. Mira, nombres de calles, horarios de autobuses, el nombre de un restaurante, Ché bandoneón, y la dirección. Además hay anotada una hora y un día, a ver, es hoy a las 14:30, y qué pone aquí: "*Reunión* de la *junta directiva*. Raúl González de Mesa". ¿Quién es Raúl González de Mesa?

–Un banquero muy famoso. Mi ex novio escribió hace poco un artículo sobre él. Es muy rico, pero no tiene negocios en Argentina, sólo en Europa. Parece que su banco va a comprar un banco italiano muy importante.

–¿Qué significa todo eso, Sabina?

–No lo sé. Lo malo es que estamos aquí metidos en el avión, todo el mundo duerme, la P2 está *enfadadísima* y no nos va a ayudar.

–Y no podemos comunicarnos con el exterior porque no tenemos *cobertura*. Todo igual que en el cuento, ¿te acuerdas?

–Déjame pensar. Ya está, como no tenemos la *tarjeta de embarque* y no sabemos el número de *asiento*, tenemos que mirar la lista de pasajeros del avión y ver si falta alguno. La tiene la P2 en su cabina.

–Tienes razón.

*Übung 12: Setzen Sie das Verb in die korrekte Präsensform!*

1. (vosotros, tener) ______________ que mirar la lista de pasajeros.
2. (tú, dejarme) No ________________ pensar.
3. (ser) ¿Quién ____________ el pasajero?
4. (estar) Algunas cosas ____________ subrayadas.
5. (nosotros, poder comunicarse) No ______________________ con el exterior.

6. (yo, decir) No se lo ______________.

7. (nosotros, poder haldar) No ___________________________ con ella.

Veo que la P2 va a hablar con otra *azafata* que está atendiendo a un pasajero. Es el momento, tengo que *darme prisa*. Me levanto, voy al otro pasillo y paso junto a Marcelo que me mira alarmado.
–¿Qué haces, Sabina?
–Necesito la lista de pasajeros.
–¿Estás loca? Nos vas a meter a todos en un problema. ¿No has oído a la P2? Nos van a echar a todos y *hasta* pueden meternos en la cárcel. Las normas de seguridad son muy estrictas. Si no te sientas, voy a llamar al comandante del avión.
Me *doy cuenta* de que Marcelo en parte tiene razón y de que tengo que volver a mi *asiento*.
–¿Qué vamos a hacer ahora, Sabina?
–No lo sé, Estrella.
–A ver, dame la revista. Cuéntame cosas de Buenos Aires, ¿vale?
–Bueno, mira, esta foto es de la calle Corrientes, que es muy larga. Y ésta es de la Plaza de Mayo, que está en el centro de la ciudad. Es muy importante.
–¿Y esto qué es?
–Es la Casa Rosada, donde está el Gobierno.
–¡Qué color tan bonito!
–Pasa la página…
–¡Mira!
–¡Una *tarjeta de embarque*! Qué raro.
–Ahora tenemos dos, ésta y la de la *gabardina*.
–Vamos a ver de quién es.
–Espera, ahí viene la P2 otra vez. *Esconde* la *tarjeta* y no te muevas. Ahora no podemos levantarnos.

## Capítulo 5: Aterrizaje

–¿Qué están haciendo ahora?

–Sabina me cuenta cosas de Buenos Aires –dice Estrella.

–Sabina, todo el mundo está durmiendo. Por favor, no *molesten* a los pasajeros –dice la P2.

–De acuerdo –contesto.

Vemos cómo la P2 se aleja hacia su cabina. También vemos a Marcelo que nos *vigila*. Está muy nervioso. No vemos a Carmen. Parece que el resto de las *azafatas* ya saben que pasa algo en el avión. Probablemente Marcelo les contó ya todo. Tenemos que tener mucho cuidado.

–Estrella, no podemos sacar todavía la *tarjeta de embarque*. Hay que esperar un poco.

–Oye, Sabina, tengo mucho sueño. Voy a dormir un rato, ¿vale?

–Buena idea, Estrella, vamos a dormir.

Me tapo con la *frazada* y cierro los ojos, pero no puedo dormir. Pienso todo el tiempo en el pasajero de la *gabardina*. Veo su cara, recuerdo su olor. Tiene que estar dentro, pero dónde. La *gabardina*, el *portafolios*, el sombrero, la revista, todo está en el avión, *hasta* su olor. Recuerdo el momento de la *facturación* en el aeropuerto, él está delante de mí y hablamos. Luego, él *factura*. Un momento, no tenía equipaje. Es raro, para un viaje tan largo, siempre se lleva equipaje. No tiene sentido. Luego, *facturo* yo, pero nos *separamos*. Paso el control de la policía, y ya no lo veo. Voy de un lado a otro, lo busco, pero no está. Pasa el tiempo y llaman para *embarcar*. Voy a la *puerta de embarque* y entonces lo veo de lejos entregando la *tarjeta de embarque*. Bueno, veo su *espalda*, su *gabardina*, su sombrero. Yo entro de última.

En el avión hay mucha confusión, no veo dónde se sienta. Lo veo de lejos un momento, pero luego ya no lo veo más. Y ya está, sólo

tengo de él el olor, la *gabardina*… ¡y dos *tarjetas de embarque*!
–Sabina, escucha –oigo el *susurro* de la voz de Estrella–, si hay dos *tarjetas de embarque* es que hay dos personas relacionadas con el misterio.
–¿Qué dices?
–Claro, ¿por qué hemos encontrado dos *tarjetas de embarque*? Quizás faltan dos pasajeros, no sólo uno. Tenemos que comparar los números de las *tarjetas* con los de la lista.
–Sí, es verdad. Aquí está la *tarjeta*. El número es el 156B, de un tal Sergio Prymak. Tenemos que *comprobar* si está en el avión.
–Espera, voy a hablar con mi hermano José él nos puede ayudar.
Veo que Estrella se aleja por el pasillo, veo que despierta a su hermano, que reclama pero que al final escucha lo que le dice la niña. Ella vuelve a mi lado, y el hermano busca entre los *asientos*.
–Mira, Sabina. ¡El 156B está ocupado!
–Bien, ya sabemos que este pasajero, Sergio Prymak, está en el avión. Lo que no entiendo es qué pasa con la otra *tarjeta de embarque* y qué relación hay con ésta.
–Ahora sí tienes que hablar con la P2.
–Mira, el pasajero del *asiento* 156B se está despertando. Se levanta, abre el *maletero*, busca algo.
–Sí, es verdad. Parece nervioso. Ahora te mira a ti, Sabina.
–¿Qué le pasa?
–Mira, viene hacia nosotras.
–No digas nada.
Vemos que el pasajero se *acerca*, nos mira, está *cada vez más* cerca. Noto que Estrella me coge con fuerza de la mano, ella también está nerviosa. Me *doy cuenta de* que el hombre tiene casi la misma estatura que el pasajero de la *gabardina* y de que el pelo también es muy parecido. Llega a nuestra altura y pasa de largo. Las dos nos *volvemos* y entonces lo miro por la *espalda*. El pasa-

jero se mete en el cuarto de baño.
–¡Estrella! –*susurro* muy nerviosa a mi nueva amiga.
–¿Qué te pasa, Sabina? Te has puesto blanca. ¿Estás bien?
–¡El olor!
–¿El mismo?
–Exactamente.
–¿Qué significa eso?
–No lo sé.
–Ahí vuelve.
–No le mires.
–No me sueltes la mano.
–No tengas miedo, estás conmigo.
–No tengo miedo. Ya se aleja.
–Espera, esa *espalda*, se parece mucho al otro, al pasajero de la *gabardina*.
–¡Claro! ¡Ya lo tengo! ¡Son dos iguales! Hay dos pasajeros iguales y tú te has confundido, el que conociste en el *embarque* no cogió este avión.
–¿Cómo?
–Claro, Sabina, ahora lo entiendo. En la cola del *embarque* conociste a un hombre que se parece mucho a otro que llevaba la misma *gabardina* y el mismo olor. El que subió a este avión es el otro. Te confundiste de hombre.
–¿Tú crees?
–Claro, ésa es la explicación.
–Puede ser.
Nos quedamos las dos *calladas*. Estrella me sonríe, pero no parece muy *convencida* de lo que ha dicho. Entonces se *cae* la revista al suelo, las dos la miramos al mismo tiempo.
–¡La revista! –decimos las dos al mismo tiempo.
–Estrella, no puede ser, yo escribí el número de teléfono en esta

revista. ¿Lo ves? Aquí está, es mi letra. El pasajero de la *gabardina* entró en este avión.
–O no.
–¿Qué quieres decir?

ÜBUNG 13 !

*Übung 13: Wie lautet der Plural bzw. der Singular der folgenden Wörter? Achten Sie auf die Akzente.*

| | |
|---|---|
| 1. avión | ________________ |
| 2. ________________ | explicaciones |
| 3. relación | ________________ |
| 4. ________________ | razones |
| 5. dirección | ________________ |
| 6. ________________ | bandoneones |

–Tú crees que entró, pero no entró. El que entró fue el otro. El tuyo no entró. ¿Por qué el del *asiento* 156B nos ha mirado de esa manera?
–Mira, *amanece*. Los pasajeros van a empezar a despertarse, y casi estamos llegando. Tenemos que *resolver* el misterio pronto.
–Ahí está Carmen. Se lo tenemos que contar todo a ella.
Le contamos a Carmen los nuevos *descubrimientos*, le mostramos la revista y la *tarjeta de embarque* y le decimos dónde está el pasajero.
–Tengo una idea –dice ella. Se aleja de nosotros hasta la cabina de la P2, coge la *gabardina* y se *acerca* al pasajero del *asiento* 156B. Le muestra la *gabardina*, parece que le pregunta algo. El pasajero

dice que no con la cabeza, pero parece muy nervioso. Carmen vuelve con la *gabardina* en la mano, el pasajero del *asiento* 156B nos mira a nosotras.

–Estrella, aquí pasa algo raro.

–Sí, ese hombre sabe algo. Mira cómo se mueve, parece muy nervioso.

Carmen llega a donde estamos nosotras.

–Carmen, ¿qué ha dicho?

–Que la *gabardina* no es suya. Voy a hablar con la P2.

–Carmen, ten cuidado. Toma, su *tarjeta de embarque*.

Estrella y yo nos quedamos *calladas*. Carmen va hasta la *cola del avión*, abre una de las puertas de las literas y *desaparece* de nuestra vista. Al ratito, *aparece* de nuevo, junto con la P2. Está muy *seria* pero ya no parece *enfadada*. Parece nerviosa. Va a su cabina con la *tarjeta de embarque*. Mira la lista de pasajeros. Coge el teléfono.

–Mira, Estrella, está comunicándose con tierra, probablemente con la *compañía aérea* o con uno de los dos aeropuertos. Mira, se ha sentado, parece que no se encuentra bien. ¿Adónde va Carmen? Ah, le lleva un vaso de agua.

–Vamos a hablar con ellas.

–Sí, buena idea.

Las dos nos levantamos. Cada una va por un pasillo. Cuando pasamos a la altura del *asiento* 156B, me *doy cuenta de* que está muy cerca de la escalera, que es donde sentí el olor al principio del vuelo. El pasajero nos mira a las dos muy *asustado*. Yo le digo a Estrella por señas que mejor volvemos a nuestro *asiento*. Cuando estamos juntas otra vez, hablamos.

–¿Qué pasa ahora?

–Ese hombre está muy *asustado* y puede hacer algo peligroso. Es mejor no *asustarlo* más. Tenemos que esperar a Carmen. Ahí viene.

–La P2 ha hablado con el aeropuerto de Buenos Aires. La policía española está siguiendo a un pasajero que ha tomado este avión. Parece que es un *asesino* y creen que quiere *asesinar* a alguien en Buenos Aires. La otra *tarjeta de embarque* es de un tal Javier Patiño, pero la policía no sabe con qué nombre ha *embarcado*, pues probablemente ha usado un nombre falso. La P2 está muy nerviosa y el comandante dice que falta poco para llegar a Buenos Aires, que es mejor no hacer nada, que la policía argentina lo va a *resolver* todo. Dice que el peligro no está en el avión y que la seguridad de los pasajeros es lo más importante.

–*Así que* hay un *asesino* en el avión.

–O no.

–¿Qué quieres decir, Estrella?

–Piensa en el olor, en la revista, en el papel que había en la *gabardina*. ¡Te han *engañado*, Sabina!

–¡El restaurante! Tienes razón, Estrella. ¡Qué lista eres! Ven.

Las dos cogemos la revista, llamamos a Marcelo y a Carmen y nos *acercamos* al pasajero del *asiento* 156B.

–Buenos días.

El hombre no responde.

–Sabemos lo que quieren hacer. Hoy a la una del mediodía en el restaurante Ché bandoneón de Buenos Aires va a haber una *reunión* de la *junta directiva* de la empresa de Raúl González de Mesa, y ustedes van a estar ahí, ¿no es cierto?

El hombre está muy *asustado*, pero no dice nada.

–Por favor, acompáñenos.

–No… no me hagan nada, yo no tengo nada que ver. Me han pagado sólo para viajar en este avión. Yo no sé nada.

–¿Cómo se llama usted?

–Sergio Prymak.

Cuando Carmen llama al aeropuerto y pregunta a la policía por el hombre, le dicen que existe, que no es un nombre falso y que no es ningún *asesino*, sino un *ciudadano* argentino sin *antecedentes*.

–¿Qué hacemos ahora, Sabina?

–¡Espera! A ver, ¿dónde está el plano que encontramos en la *gabardina*?

–Lo tiene la P2.

Los pasajeros empiezan a despertarse, dentro de poco las *azafatas* servirán el desayuno, no tenemos mucho tiempo. Carmen y Marcelo se van a hacer su trabajo, y nos quedamos con la P2, que no sabe dónde ha puesto el plano. Lo buscamos en su cabina. Todo el tiempo Estrella está a mi lado, nerviosa, *seria* y segura. Es verdaderamente una niña *excepcional*.

–Aquí está –dice ella.

–Déjame ver. ¡Esto no es Buenos Aires!

–¿Cómo? –ahora es la P2 la que pregunta *asombrada*.

–Mira –las tres miramos el plano– Buenos Aires no es así.

–Tienes razón, esto me suena –dice la P2.

Nos miramos y lo comprendemos al mismo tiempo.

–¡Es el plano de Madrid! ¿Qué hora es en Madrid?

–Ahora mismo son casi las dos.

–Hay que llamar *deprisa* al aeropuerto de Barajas. Tienes que decir que en el restaurante Ché bandoneón van a *intentar* matar al banquero Raúl González de Mesa, que vayan *deprisa*.

–¿Cómo?

–Haga lo que le digo, por favor, no hay tiempo que perder.

Entonces es Estrella la que habla.

–Sabina tiene razón. Mire, se lo explico muy rápido: el *asesino* y este señor son muy *parecidos*, el *asesino* conoció a Sabina y habló con ella, luego entró en el avión pero no entró, el que entró fue ese señor, que no sabe nada. El *asesino* tiene que matar a alguien en Madrid, pero sabe que la policía lo sigue, *así que* quiere hacerles creer que se va a Buenos Aires, ¿entiende?, pero aún está en Madrid, y dentro de media hora es la *reunión* de la *junta directiva* del banquero en ese restaurante, y van a matarlo. Hay que llamar *deprisa* para avisar.

–Bueno, ya llamo.

La P2 está muy nerviosa, le *tiembla* todo el cuerpo pero Estrella le coge la mano y se tranquiliza un poco. Entonces, llama a Barajas. Cuando cuelga, nos dice más tranquila:

–La policía ya tiene la información. Van a llamar al banquero y dentro de media hora estarán en el restaurante. Ahora, vuelvan a sus *asientos*. Ah, y en Buenos Aires la policía las espera para hablar con ustedes.

Volvemos a nuestros *asientos*, contentas. Veo que Estrella pasa junto a sus hermanos y sus padres, que ya están *despiertos*. Se dan los buenos días, la niña habla un rato con ellos. El padre me mira, luego mira a su hija y le da un beso muy *cariñoso*. Luego viene.

–¿Qué te ha dicho tu padre?

–Que me quiere mucho y que soy muy valiente y que ya hablaremos en Buenos Aires.

Nos quedamos un momento *calladas*. Luego Estrella me dice:

–Sabina, hay algo que no entiendo.

–A ver, dime.

–O sea, tú hablaste con el *asesino* en la cola de la *facturación*, luego lo perdiste y viste entrar al doble, a ese Sergio Prymak. Se *parece* mucho al *asesino*, llevaba el mismo sombrero, el *portafolios*, todo correcto. Todo eso es fácil, se puede hacer. Pero, ¿y la revista?

–Tienes razón. En la cola de la *facturación*, el *asesino* estaba hablando por teléfono, probablemente con el doble, dijo algo así como "tengo una idea". Entonces empecé a hablar con él y le *apunté* el teléfono en su revista. En algún momento el *asesino* le dio la revista al doble para confundirme a mí también.

–Pero, ¿por qué el tal Sergio Prymak tenía las dos *tarjetas de embarque*?

–El *asesino* entregó la suya en la *puerta de embarque*, y luego, con alguna *excusa*, debió de volver a la sala de espera. Entonces le dio al doble la revista y la *gabardina*, pero en el bolsillo estaba la *tarjeta de embarque*. Y como era la *gabardina* que llevaba el *asesino*, yo sentía todo el tiempo su olor. Ese fue su error, lo *descubrimos* por el olor. Y gracias a ti, claro.

–Lo *descubrimos* juntas.

Nos miramos sonriendo sin decir nada.

Y bueno, ya saben todo lo que pasó. Creo que ha quedado claro. Si tienen más preguntas, por favor, otro día, que a las 12 he quedado con Estrella para enseñarle Buenos Aires.

*Übung 14: Sind die Aussagen korrekt? Markieren Sie mit richtig ✔ oder falsch – !*

ÜBUNG 14 !

1. A la P2 la pone nerviosa la investigación de Sabina. ☐
2. Mientras duerme, Sabina sueña con el pasajero. ☐
3. Estrella descubre por sí misma que el asiento 156B está ocupado. ☐
4. Sergio Prymak es un asesino muy peligroso. ☐
5. Marcelo les ayuda a las dos chicas en todo. ☐
6. Descubren que el asesino prepara un asesinato. ☐
7. Al final Estrella y Sabina se hacen buenas amigas. ☐

# CRIMEN EN EL TEATRO ROMANO DE MÉRIDA

**Mario Martín Gijón**

## Capítulo 1: Una tragedia demasiado real

Es una *calurosa* noche de agosto. Estamos en Mérida, en el sur de España. Aquí, incluso por la noche, la temperatura es muy alta, casi treinta grados. Pero eso no importa a los cinco mil espectadores en el Teatro Romano de Mérida. Están *contemplando* la representación de la tragedia 'Antígona', del autor griego Sófocles. El Teatro Romano de Mérida se terminó de construir en el año 15 *a. C.*, en época del emperador Augusto. Probablemente es el teatro romano mejor conservado del mundo y desde 1933 es el escenario del Festival de Teatro Clásico.

Esta noche, todos los ojos miran a la protagonista de 'Antígona', representada por Felisenda Gimeno, una actriz joven pero ya muy famosa. Sus padres, Antonio e Inés, están muy *orgullosos* de ella y muy contentos de verla actuar en Mérida, su *ciudad natal*. También el novio de Felisenda, Ramón Cerezo, está entre el público y mira con emoción la obra, aunque parece algo nervioso.

ÜBUNG 1 !

*Übung 1: Lesen Sie weiter und unterstreichen Sie alle Artikel und Possessivpronomen im folgenden Abschnitt!*

La tragedia comienza cuando Creonte, rey de Tebas, prohíbe *enterrar el cadáver* de Polinices. Éste quiso *conquistar* la ciudad. Pero Antígona, la hermana de Polinices, no *obedece* al rey y *entierra* a su hermano. Antígona es *descubierta* y Creonte la *condena a muerte*, *a pesar de* la oposición de su hijo, Hemón, que es el novio de Antígona.

El *papel* de Hemón es representado por Luis Manuel Duque, un joven actor. La madre de Felisenda comenta:

–Ese Luis Manuel es muy buen actor.

–A mí no me parece tan bueno –dice Ramón, de mal humor.

Inés sonríe y no dice nada, pues sabe lo celoso que es Ramón, a quien no le *hace gracia* ver a su novia con otro hombre, aunque sea en una obra de teatro.

–Realmente es impresionante *asistir* a una obra en este teatro –comenta Antonio, el padre de Felisenda–. Con esas grandes columnas antiguas detrás y con las estatuas, parece que estamos en la época de los romanos.

–Ya te dije que *valía la pena* –dice Inés–. Y además tenías que ver cómo trabaja tu hija, pues no la habías visto nunca actuando.

–¡Sí que la vi una vez! –protesta Antonio.

–Sí, claro, pero eso era en el colegio. No es lo mismo –dice Ramón.

–Desde luego, se crea un ambiente especial durante este Festival de Teatro Clásico –comenta Inés–. Sí que podríamos imaginar que estamos en el *siglo I d. C.*, cuando esta ciudad se llamaba Emerita Augusta y era la capital de la provincia de Lusitania.

–Tenían que ser buenos tiempos aquellos –dice Antonio–. Aunque ahora sea la capital de Extremadura, que tampoco está mal.

–Bueno, eso de buenos tiempos… Depende, un gladiador o un esclavo no lo disfrutaría mucho –comenta Ramón con ironía.

–No, yo sería lo que soy ahora. Un *emeritense orgulloso* de su ciudad y con una hija que es la mejor actriz de España.

–Bueno, si piensas así, presta más atención a la obra, que ahora está terminando –comenta Inés.

–No, todavía queda un rato –dice Ramón y continúa –ahora *aparece* el adivino Tiresias, que avisa a Creonte de que tiene que dejar *enterrar* a Polinices, si no quiere que "alguien de su sangre" pague por sus errores.

–¡Vaya, qué bien te lo sabes! Pero no nos cuentes el final –dice Antonio.
–Es que Ramón no se pierde una representación de Inés, al contrario que tú. ¿Verdad, Ramón?
Ramón *enrojece* un poco.
–Claro, es normal, ¿no? A ella le gusta que yo *asista* como público, aunque no quiere que *asista* a los ensayos porque dice que se pone nerviosa… Qué raro, ¿verdad? Se pone nerviosa en los ensayos pero no en la representación final. ¿Ustedes lo entienden? –pregunta dirigiéndose a los padres de Inés.
–No, pero a las mujeres a veces no las entiende nadie –dice Antonio.
–Eso lo dirás tú, que nunca entiendes nada –dice Inés a su marido, *molesta* por el comentario.

ÜBUNG 2 !

*Übung 2: Übersetzen Sie die Begriffe und enträtseln Sie das Lösungswort!*

1. Aufführung _ _ _ _ _ _ _ _ ☐ _ _ _ _ _
2. nervös _ ☐ _ _ _ _ _ _
3. Blut _ ☐ _ _ _ _
4. Hauptstadt _ _ _ _ ☐ _ _
5. Irrtum _ _ _ _ ☐
6. Säule _ ☐ _ _ _ _ _

Lösung: _ _ _ _ _ _

Luego se representa la disputa entre Antígona y su hermana, Ismene.
–Es Laura del Tilo –comenta Inés–. Es una actriz muy buena también. Felisenda y ella son muy amigas.

Ismene, en la obra, dice que ella también *participó* en el *entierro* de Polinices. Se *ofrece* a ser sacrificada junto a Antígona. Pero Antígona sabe que esto es falso, y así lo dice ante Creonte y los jueces. Antígona es conducida a prisión, *condenada a muerte*. Felisenda mira con increíble *angustia*, el público está emocionado.
A Antonio, al escucharla, lo *recorre* un *escalofrío*, no sabe por qué. Entonces *aparece* el adivino Tiresias.
–¡Pero si es Pepe Preciado! –exclama Ramón.
–¿Conoces a ese actor? –pregunta Inés–. Es la primera vez que lo veo…
–Sí, era profesor de griego en el instituto donde yo estudié. Pero creo que se jubiló.
–¡Qué curioso! ¡Parece que encontró un trabajo nuevo!
Tiresias, junto a un coro de *ancianos*, le propone al rey Creonte cambiar de actitud. Éste, finalmente, acepta y decide liberar a Antígona.

*Übung 3: Bilden Sie den Plural der folgenden Wörter! Achten Sie dabei besonders auf die Akzente.*

ÜBUNG 3 !

1. prisión ____________ 2. actitud ____________
3. rey ____________ 4. profesor ____________
5. vez ____________ 6. actriz ____________
7. actor ____________ 8. representación ____________
9. atención ____________ 10. anciano ____________
11. oposición ____________ 12. ciudad ____________

–Ahora llega la parte más emocionante –dice la madre de Felisenda–. Pero también la más triste.
Los padres de Felisenda y su novio hablan en voz muy baja. Todo el público mira con emoción.
Hemón llega a la *celda* de Antígona para liberarla, pero la encuentra en el suelo, inmóvil. Hemón la toca y comienza a llorar por ella. De repente, Hemón parece ponerse nervioso, pero continúa. Otra vez se *acerca* a Antígona, le toca la frente y le toma el pulso.
Un *murmullo* de *preocupación* se expande por el público. De repente el actor Luis Manuel Duque grita:
–¡Un médico! ¡Llamen a un médico!

ÜBUNG 4 !

*Übung 4: Lesen Sie weiter und unterstreichen Sie das passende Wort!*

Rápidamente (1.) llega/llegó un médico que examina a Felisenda. El médico se pone (2.) *pálido*/público y ordena que (3.) llevan/lleven a Felisenda de inmediato al hospital.
–¿Qué le ha (4.) pesado/pasado a mi hija? –(5.) grita/grite Antonio, desesperado.
–Lo siento mucho, señor Gimeno –le (6.) digo/dice el médico.
La señora Gimeno se (7.) desmaya/desmayo.
Mientras, Ramón no (8.) para/pare de llorar y se pregunta:
–¿Por qué? ¿Por qué?

Al día siguiente, los periódicos, las noticias de la radio y la televisión sólo hablan de la *extraña* muerte de la joven actriz Felisenda Gimeno. La madre de Felisenda duerme, tras tomar unos *tranquilizantes*, *atendida por* una psicóloga. Su padre, Antonio, está sentado en un sillón, quieto y silencioso como una estatua. No contesta al teléfono y no sale de casa, pues sabe que está rodeado de periodistas. En una mesa a su lado está *extendido* 'El Periódico de Extremadura', con un gran titular sobre una fotografía de Felisenda Gimeno:

> **JOVEN PROMESA DE LA ESCENA MUERE EN PLENA ACTUACIÓN**
>
> La actriz Felisenda Gimeno, de 23 años, falleció anoche cuando estaba representando el *papel* protagonista de la obra 'Antígona', en el Teatro Romano de Mérida. Aún se ignora la causa de su muerte. La policía ha anunciado una *rueda de prensa* para esta tarde. Numerosas personalidades del mundo del espectáculo han *transmitido sus condolencias* a la familia Gimeno.

A mediodía suenan unos golpes en la puerta. Antonio, de repente, se levanta con furia:

–¿Por qué no podrán dejarme en paz?

Antonio abre la puerta, con la idea de enfrentarse a los periodistas. Sin embargo, son dos agentes de policía.

–Señor Gimeno, ya tenemos los resultados de la autopsia.

–¿Ah, sí? Pasen, por favor.

Uno de los agentes mira *fijamente* a Antonio.

–Señor Gimeno. ¿Su hija padecía depresión o tenía algún problema personal grave?

–¡No! –grita Antonio–. Era una chica alegre y estaba muy contenta con su trabajo. Además, iba a casarse pronto. ¿Cómo puede pensar que…?

–Es nuestra *obligación* examinar todas las posibilidades.

–¿Pero qué dijo la autopsia?

–Señor Gimeno, su hija fue *envenenada*.

## Capítulo 2: Discusión familiar en la casa de campo

Antonio Gimeno decide que lo mejor que puede hacer es *intentar descubrir* al *asesino* de su hija. Aunque la policía ha iniciado una investigación, quiere *explorar otras posibilidades*. Recuerda que, hace dos años, leyó la historia de un caso que lo impresionó mucho, en el que un detective *resolvió* el caso de la misteriosa muerte de una estudiante en Salamanca. Tras unos minutos *da con la noticia*, en la página de internet de 'La Tribuna de Salamanca'. Allí encuentra el nombre del detective, un tal comisario José Márquez. Lo busca en las *'Páginas Amarillas'*.

ÜBUNG 5 !

*Übung 5: Ergänzen Sie mit **ser, estar** oder **haber** in der richtigen Zeitform!*

1. José Márquez ____________ un detective privado.

2. Antonio cree que su hija ____________ asesinada.

3. En Mérida ____________ muchas ruinas romanas.

4. ____________ la primera vez que Antonio veía actuar a su hija.

5. Pepe Preciado ____________ profesor de griego.

6. Mérida ____________ la capital de la provincia de Lusitania.

Antonio encuentra un número de teléfono de Madrid, al que llama. Al principio nadie responde. "¿Será un número falso?", se pregunta Antonio. Finalmente, una voz malhumorada responde:
–¿Dígame?
Antonio le cuenta el caso de su hija. Al otro lado del aparato, el

detective lo escucha atentamente. Al terminar, acepta *encargarse* del caso.

–Estaré en Mérida hoy mismo.

Márquez toma su coche y *pone rumbo a* Extremadura. A la salida de Madrid, como casi siempre, hay un *atasco*. Márquez, para no ponerse demasiado *impaciente* pone un CD de Nino Bravo, uno de sus cantantes preferidos, de los años sesenta. Una vez que toma la autovía de Extremadura, la carretera está mucho más libre. Márquez *contempla* las inmensas *llanuras* con *encinas*, llamadas *dehesas*, típicas de Extremadura.

*Übung 6: Lesen Sie weiter und wählen Sie die richtige Präposition aus!*

ÜBUNG 6 !

El viaje (1.) en/con coche hasta Mérida dura tres horas y media. (2.) En/A mitad de camino, Márquez hace una pausa en Trujillo (3.) por/para tomar café en un restaurante. Ya (4.) sobre/desde la autopista, la pequeña ciudad de Trujillo es inconfundible, con su gran castillo que, (5.) sobre/frente el Cerro del Zorro, domina el resto de los edificios. Trujillo es conocida también (6.) por/para ser el lugar donde nació Francisco Pizarro, *conquistador* del Perú.

En el restaurante, Márquez observa con curiosidad la gran variedad de jamones y quesos puestos a la venta. Los jamones, el lomo y el chorizo de Extremadura son conocidos en toda España. Márquez piensa que no sería mala idea comprar uno de esos jamones, que parecen mejores y más baratos que los que puede ver en Madrid, pero decide que lo hará después de *resolver* el caso, como *recompensa*.

Márquez vuelve a tomar el coche y, tras una hora y cuarto, entra en

Mérida. Desde la lejanía, lo primero que ve es el Puente Lusitania, diseñado por el famoso arquitecto Santiago Calatrava, que contrasta con el antiguo puente romano.

Márquez lleva un navegador GPS para orientarse en la ciudad. Es la primera vez que visita Mérida. Ha marcado la calle Pardo que queda en una *zona residencial*. Cuando llega, ve que junto al bloque de pisos hay furgonetas de Televisión Española, Tele 11, Antena 13 y varias cadenas de radio y televisión regionales. Márquez hace un *gesto de disgusto*, no le *apetece* hablar con periodistas. Baja del coche y llama a la puerta. Nadie contesta, pero dos minutos después baja un hombre joven, muy bien vestido, al que Márquez no conoce.

–Buenos días. *Supongo que* es usted el señor Márquez. Yo soy Enrique, el hermano de Antonio.

–¿Dónde está Antonio? ¿Le ha pasado algo? –pregunta Márquez *preocupado*.

–No, está bien. Bueno, *dentro de lo que cabe* –se corrige Enrique–. Se ha ido a su finca, *estaba harto de* los periodistas. Yo le indicaré el camino.

La finca de la familia Gimeno está a unos veinte kilómetros de Mérida, cerca del *embalse de Proserpina*, construido por los romanos. Durante el viaje, Enrique no dice casi nada, sólo le enseña el camino. Parece concentrado en sus pensamientos, y Márquez prefiere respetar su dolor.

La familia Gimeno tiene una gran casa, con piscina y jardín. Enrique llama a la puerta. Tras unos momentos, les abre la puerta Antonio, que *muestra señas de* no haber dormido y de haber llorado mucho.

–Lo *acompaño en el sentimiento*, señor Gimeno –le dice Márquez, dándole un abrazo–. Le prometo que haré todo lo posible por encontrar al *culpable*.

–Eso espero. No entiendo cómo puede haber tanta maldad… Una chica tan joven…
–¿Cómo está su esposa? –pregunta el detective.
–Mal. Muy mal. Ahora está durmiendo, el psicólogo le dio unos *tranquilizantes*.
En ese momento *aparece* Ramón. Antonio lo presenta:
–Éste es el detective Márquez. Ramón era el novio de mi hija.
Márquez le *da el pésame* también a Ramón. Nota que la familia está destrozada y que tiene que pasar a la acción sin perder tiempo.

*Übung 7: Verbinden Sie Verb und passendes Substantiv!*

ÜBUNG 7 !

| | | |
|---|---|---|
| 1. | ☐ abrir | a) un país |
| 2. | ☐ resolver | b) un jamón |
| 3. | ☐ representar | c) una posibilidad |
| 4. | ☐ poner | d) un abrazo |
| 5. | ☐ hacer | e) un periódico |
| 6. | ☐ conquistar | f) una puerta |
| 7. | ☐ dar | g) un viaje |
| 8. | ☐ comprar | h) un caso |
| 9. | ☐ examinar | i) un papel |
| 10. | ☐ leer | j) un CD |

–Mérida es una ciudad pequeña –comenta Márquez–. Quizás conocen ustedes a todas las personas que se relacionaban con Felisenda, y saben si alguna podía tener algún motivo para hacer algo así.
–Felisenda, cuando no estaba trabajando, pasaba todo su tiempo conmigo o con su familia –dice Ramón–. Por lo demás, pasaba muchas horas con la gente del teatro.
–¿Qué tipo de gente es? –pregunta el detective.

–Yo no los conozco mucho –contesta Ramón–. Felisenda tenía dos vidas. Una para el teatro y otra para su familia y para mí. En general, creo que son gente algo *orgullosa*, creen que son especiales y que lo que hacen es muy importante…

–Bueno, Ramón, ésa es tu opinión personal, no creo que le importe al señor Márquez –interrumpe Enrique.

–Enrique, como siempre, tiene que *llevarme la contraria* –dice Ramón, de mal humor.

–Me interesan las opiniones personales –dice Márquez–. ¿Tiene usted alguna idea?

–Creo que Felisenda no tenía enemigos y que el crimen pudo cometerlo algún *perturbado*, algún psicópata. Precisamente hace dos días vi una noticia en el periódico que me llamó la atención…

–A ver, *ilumínanos* con tu *sabiduría*, Enrique –dice Ramón.

El comisario Márquez se *da cuenta de* que Ramón y Enrique se llevan muy mal.

Enrique busca en su cartera, saca un recorte del diario 'Hoy' y se lo entrega a Márquez, el cual lee:

**INTERNO HUIDO DEL HOSPITAL PSIQUIÁTRICO**

José Manuel B., un joven de veinticinco años, *interno* desde hace cinco años en el Hospital Psiquiátrico de Mérida, huyó ayer de la clínica, según informó la dirección del hospital. El joven padece una *esquizofrenia* grave y necesita tomar medicamentos diariamente. Se advierte a quienes lo vean que puede ser peligroso, y se ruega que avisen a la policía.

Junto a la noticia *aparece* la fotografía de un chico con pelo rizado y rubio y cara aniñada. Ramón, al ver la fotografía, comenta:

–No parece nada peligroso. Más bien da compasión, el pobre…

*Übung 8: Lesen Sie weiter und setzen Sie die richtigen Verbformen im Präsens ein!*



–Yo no (1. decir) ______________ que haya sido él –(2. decir) __________ Enrique–. Sólo pienso que (3. ser) __________ una posibilidad.

–Hay que tener en cuenta todas las hipótesis –(4. contestar) __________ Márquez–. ¿(5. Poder) __________ llevarme el recorte de periódico?

–Por supuesto, comisario –(6. responder) __________ Enrique y (7. sonreír) __________.

–Me gustaría contactar a los *miembros* de la *compañía de teatro* donde trabajaba Felisenda.

–Yo (8. tener) __________ sus teléfonos. Espere un momento –le informa Ramón.

Mientras tanto, Antonio, sentado en el sillón, parece hundido en sus pensamientos. De repente exclama:

–Yo no (9. creer) __________ que a mi hija la haya matado un *perturbado*, un loco. Justo en la noche del estreno… (10. Estar) __________ seguro de que fue un crimen cuidadosamente calculado… No (11. saber) __________ quién sería, pero si alguna vez lo (12. ver) __________ frente a mí… *No saldrá con vida…*

Todos quedan en silencio durante un momento. Por el tono de Antonio saben que habla en serio.
Finalmente, Márquez toma la palabra:
–Confíe en la justicia, señor Gimeno. La policía seguro que está buscando al criminal, y yo haré todo lo posible, como le he dicho.
Entonces llega Ramón con la lista de teléfonos:
–Estos son los números de cada uno de los actores y actrices y el de la *compañía*.
–'Teatríptico', qué nombre tan original…
–Se llama así por tener tres actrices principales –explica Enrique–. Ahora tendrá que cambiar de nombre…
Antonio y Ramón miran a Enrique muy *serios*. A Márquez le parece también que ese comentario *estaba fuera de lugar*.

## Capítulo 3: Un grupo muy peculiar

Márquez tiene una cita con la gente del teatro en el bar Los cien *montaditos*, cerca de la Plaza de España, en el centro de Mérida. Cuando Márquez llega al bar, reconoce enseguida quiénes son. En una mesa están sentadas dos chicas y dos chicos, con ropas aparentemente *descuidadas* pero a la vez muy *vistosas*. Están hablando muy animadamente pero cuando ven entrar al comisario Márquez se *callan* todos al instante. El detective se *da cuenta de* este detalle, pero hace como si no lo hubiera notado y se dirige con una sonrisa hacia el grupo:
–¡Hola, chicos! Soy el comisario Márquez. Me alegro de poder conoceros.
–Yo soy Laura del Tilo –dice una chica, alta y *pelirroja*, con unos profundos ojos azules, y que lleva un *llamativo* vestido verde.
–Y yo soy Fernando Gutiérrez –dice uno de los chicos. Es un joven

alto, moreno y con gafas que está sentado con su brazo sobre el *hombro* de Laura.
–Yo me llamo Ainara Urrutia –dice otra chica, morena y con el pelo corto, más bien baja de estatura, que lleva una camiseta del grupo teatral.
–Encantado –dice Márquez–. ¿Eres vasca, verdad? –pregunta dirigiéndose a Ainara.
–Sí, soy de Irún. ¿Cómo lo sabe?
–Por el nombre, lo he supuesto.
–Umm… Se ve que es usted un detective –comenta ella. Sus compañeros ríen.
Entonces interviene el otro chico del grupo, que hasta ahora había permanecido en silencio:
–Yo soy Luis Manuel Duque –le dice, dándole la mano al comisario Márquez.
–Encantado. Tú por tu acento debes ser argentino, ¿verdad?
–¿Argentino yo? No, por favor, soy uruguayo.
–De acuerdo, disculpa –dice Márquez, sonriendo.
–¿Qué queréis tomar? –pregunta Laura, levantándose para ir a la barra y pedir las bebidas.
Márquez *reflexiona* un momento. Le parece que ése no es el lugar adecuado para interrogar a los compañeros de la *asesinada*. Se ha *dado cuenta de* que muchas personas los miran con curiosidad y de que comentan cosas en voz baja. "Las cosas de las ciudades pequeñas", piensa Márquez y propone:
–Creo que sería mejor ir a un sitio más tranquilo.
–¿Por qué? Este sitio está bien, ¿no? –dice Laura–. Además ponen unos *montaditos* riquísimos.
Márquez, ante ese argumento, *duda* un momeno pero reacciona:
–No, creo que sería mejor ir al lugar de los hechos. Al Teatro Romano de Mérida.

ÜBUNG 9 !

*Übung 9: Setzen Sie die unterstrichenen Satzteile in den Plural!*

1. Creo que <u>debo</u> ir al lugar de los hechos.

_______________________________________________

2. <u>El detective se dio cuenta de este detalle</u>.

_______________________________________________

3. <u>Voy</u> al bar a <u>tomarme</u> un café con leche.

_______________________________________________

4. <u>El testigo avisó</u> a la policía.

_______________________________________________

Márquez sale del bar y llama con su móvil a la comisaría de policía de Mérida. Les pide que prohíban la entrada al Teatro Romano durante una hora, para estar solo con los actores. Le contestan que no hay problema, pero que deberá esperar una media hora.
El Teatro Romano queda justamente al lado del anfiteatro y fue construido solamente unos diez años después.
Márquez decide entonces ir a pie hasta allí, por la calle Santa Eulalia, la calle más famosa de Mérida, donde están las tiendas más conocidas. Cerca de ella está el majestuoso Templo de Diana, rodeado de enormes columnas y que fue construido en el *siglo I*. Luego toman la calle de José Ramón Mélida y la calle del Museo, donde está el Museo Nacional de Arte Romano, diseñado por el famoso arquitecto Rafael Moneo, y donde se conservan las piezas arqueológicas romanas. En la entrada, tres agentes de policía los están esperando. Muchos peatones los miran y hacen comentarios al reconocer al grupo de actores.

Márquez se siente impresionado al ver el Teatro Romano, pero enseguida comienza el *interrogatorio*.

–*Supongo que* estaréis todos muy afectados por la muerte de vuestra compañera…

Nadie contesta en un principio. Finalmente, Laura dice:

–Por supuesto. Felisenda era una chica genial, alegre, muy trabajadora… Además nosotros somos como una familia.

–Felisenda era la actriz principal, ¿verdad? –pregunta Márquez.

–En esta obra, sí –dice Laura–. Pero no siempre era así.

–Por ejemplo, en la representación de 'Macbeth', Laura fue Lady Macbeth –interviene Fernando–. No sé si vio usted la prensa…

–No –dice Márquez–. Tengo que reconocer que no sigo mucho la actualidad teatral.

Fernando y Laura hacen un gesto de sorpresa, y Márquez piensa que quizás los ha *ofendido* con su comentario.

–No es que no me guste el teatro, pero es que siempre tengo mucho trabajo –explica–. ¿Entonces, en cada obra cambia el *papel* de actriz principal?

–No siempre. De hecho, yo pensaba que Laura sería Antígona, después de su maravillosa actuación en el Teatro de la Comedia como Lady Macbeth… No entiendo por qué escogieron a Felisenda para ese papel, es buena, pero creo que Laura lo habría hecho mejor…

Laura, de repente, parece nerviosa por los comentarios de Fernando y le da un leve *codazo*. Fernando se *calla*. Entonces interviene Luis Manuel:

*Übung 10: Lesen Sie weiter und setzen Sie die Verben ins Präsens, Imperfecto oder Indefinido!*

–No entiendo para qué hablar de eso. Aparte de que el Festival

(1. ser, Imp.) __________ en Extremadura, la región de Felisenda, todos nosotros (2. estar, Ind.) __________ de acuerdo en que ella (3. ser, Imp.) __________ la mejor para el papel. ¿O no?

–Creo que eso ahora no (4. tener, Präs.) __________ importancia –dice Ainara–. Todos (5. estar, Präs.) __________ muy tristes por su muerte. Yo (6. esperar, Präs.) __________ que encuentren al *culpable*, aunque no sé cómo (7. poder, Präs.) __________ ayudar nosotros.

–Me gustaría saber cómo (8. encontrarse, Imp.) __________ Felisenda antes del estreno –dice Márquez–. ¿Quién (9. estar, Ind.) __________ con ella esa noche antes de la actuación?

–Yo no –(10. decir, Präs.) __________ Laura.

–Yo tampoco –(11. decir, Präs.) __________ Fernando y Ainara.

–Ni yo –responde Luis Manuel–. Ella (12. querer, Imp.) __________ estar sola para ensayar su papel, como lo (13. hacer, Imp.) __________ normalmente. La única persona que la (14. ver, Ind.) __________ fue la *maquilladora*…

–¿Podría ver a esa *maquilladora*? –pregunta Márquez.
–*Supongo que* sí. Yo tengo su teléfono, si quiere, puedo llamarla –dice Ainara.
Veinte minutos después llega Loles Ramos, peluquera y *maquilladora* profesional. Es una mujer *pelirroja*, de unos cuarenta años, y

parece muy nerviosa. Márquez le da la mano con una sonrisa:
–Encantado de conocerla, señora Ramos. *Supongo que* sabe por qué la he llamado.
–Claro, por lo que pasó a Felisenda. ¡Pobre chica! –exclama, y se le escapa un *sollozo*.
–Es algo muy triste, y sé que hablar de ello es doloroso, pero tenemos que encontrar al *asesino* que cometió ese acto tan horrible –dice Márquez.
–No sé cómo puedo ayudarlo… –dice la señora Ramos.
Márquez se siente un poco *molesto* al oír de nuevo este comentario.
–En primer lugar, parece que fue usted la última persona en verla antes de la actuación, ¿no es verdad?
–Sí. La estuve peinando y maquillando. No *tardé* mucho, el personaje de Antígona no necesita tanta preparación como otros. Luego la dejé sola, porque quería ensayar.
–¿Cómo la encontró?
–Normal, muy animada, nada nerviosa.
"Al contrario que vosotros ahora", piensa Márquez, que encuentra algo *sospechosa* la actitud de los compañeros de Felisenda. No sabe por qué, le parece que ocultan algo, pero, ¿cómo *comprobarlo*?
De repente, comienza a sonar el móvil de Márquez. Es el comisario de policía de Mérida.
–Márquez, venga inmediatamente junto al anfiteatro. Ha habido un *intento de asesinato*.
Márquez sale rápidamente hacia el anfiteatro. Cuando llega, la policía *intenta desviar la atención* de un numeroso grupo de turistas. Un muchacho delgado, vestido de gladiador, grita cosas *extrañas*:
–¡Soy inocente! –grita el chico, muy nervioso–. ¡El César me mandó hacerlo!

Un agente de policía, alto y con una gran barba negra, se *acerca* a Márquez.

–*Supongo que* es usted el detective Márquez. Gracias por venir tan pronto.

–¿Qué está gritando ese chico? –pregunta Márquez, muy *extrañado*.

–Es José Manuel Blázquez, el chico que escapó del psiquiátrico. Padece una *esquizofrenia* grave, lo estábamos buscando. No sabemos cómo llegó aquí.

–¿Y quién es la víctima? –pregunta Márquez.

–Es un turista norteamericano que estaba haciendo fotos del anfiteatro. Los médicos que lo han reconocido dicen que tiene heridas graves en la *espalda* y en los brazos, pero su vida no corre peligro.

Márquez *contempla* a José Manuel, al que un agente ha *puesto las esposas* e *intenta* tranquilizar.

–¿De dónde habrá sacado ese disfraz de gladiador? –pregunta Márquez.

–No tengo ni idea –dice Pantoja–. Pero no creo que él se lo diga. Tiene problemas mentales muy graves.



## *Übung 11: Setzen Sie die richtige Präposition ein!*

1. Me gusta pasear _______ la calle Santa Eulalia.
2. El agente dio las gracias a Márquez _______ venir tan pronto.
3. Fernando cree que Felisenda no era la actriz adecuada _______ el papel de Antígona.
4. Pero todos sus compañeros están muy tristes _______ su muerte.
5. Márquez y los actores fueron _______ pie hasta el teatro.

6. El policía es un hombre ______ unos cuarenta años, ______ una abundante barba negra.

Márquez mira al joven José Manuel, que se *agita* ahora *murmurando* frases *ininteligibles*. El detective siente algo de compasión. ¿Cómo puede *caer* un chico así en la *locura* y cometer un acto tan absurdo como agredir a un turista con una espada? Es un misterio. Entonces pregunta a Pantoja:
–Agente, me gustaría interrogar al *detenido*, si me dan su permiso.
Pantoja mira a Márquez y después de *reflexionar*, contesta:
–Tendré que hablar con el comisario de Mérida, pero no creo que haya ningún *inconveniente*.

## Capítulo 4: "O conmigo o con nadie"

Poco después, Márquez se encuentra en el Hospital Psiquiátrico de Mérida, donde ha sido conducido José Manuel Blázquez para ser *internado*.
Márquez espera el permiso para *acceder* a su habitación. Entonces viene una mujer algo mayor, de baja estatura y gesto *serio*, con una bata blanca.
–Buenos días, señor…
–Márquez, comisario Márquez.
–Soy la doctora Gloria López. Me han dicho que usted quiere hablar con José Manuel.
–Sí, quería interrogarlo sobre lo que ha pasado hace unas horas… Pero me gustaría conocer su opinión. ¿José Manuel es un loco peligroso?
–Yo no lo diría. Todos estamos muy *sorprendidos* y muy tristes por

lo que hizo. Afortunadamente parece que el turista se recuperará pronto. No sé qué decirle, tengo que hablar aún con José Manuel para aclarar lo que pasó, ahora está un poco confuso, no sé si es buena idea que lo interrogue.

–¿Qué le pasó a ese chico? ¿Por qué está así?

–Tuvo una infancia difícil. Su padre *abandonó* a su madre cuando él era muy pequeño. Eso lo ha afectado especialmente. Creo que desde muy pronto buscó una figura paterna. Es fácilmente manipulable. Sufrió mucho por eso… –termina la doctora, en tono algo triste.

–Vaya. Es una triste historia –dice Márquez–. Pero comprenda, doctora López, que debo hablar con él. Ya sabe que hace dos días hubo un *asesinato* muy cerca de donde hemos encontrado hoy a José Manuel.

Gloria mira *fijamente* con mucha seriedad a Márquez.

–Es *extraño*… Pero José Manuel tenía mucha imaginación, seguramente le gustaba estar entre las ruinas e imaginarse que era otra persona. Pero en cuanto al *asesinato* de Felisenda, estoy segura de que José Manuel no tiene nada que ver. Fue *envenenada*, ¿no se *da cuenta*? Eso *exige* una actuación planeada de la que es incapaz ese chico.

–*Pese a todo*, querría hablar con él.

–Hagamos un trato. Yo hablaré con él, con usted presente.

ÜBUNG 12 !

*Übung 12: Unterstreichen Sie die richtige Variante!*

1. El padre de José Manuel se fue/iba de casa.
2. Márquez y la doctora López se pusieron/ponían de acuerdo.
3. Márquez dice que quería/querría hablar con José Manuel.
4. Todos estaban/estaba muy tristes por lo que pasó con Felisenda.

Márquez y la doctora López entran en la habitación de Blázquez. Éste mira *asustado* a Márquez.
–No te *preocupes*, José, es un amigo mío –lo tranquiliza la doctora López.
–¿Y qué quiere? ¿Por qué está aquí?
–Porque estaba buscándote. Estábamos muy *preocupados*, desde que te fuiste sin decir nada.
José Manuel no contesta, y mira la pared *fijamente*.
–¿Dónde estuviste todos estos días?
–Por ahí, de paseo.
–¿Estuviste en el Teatro Romano?
José Manuel parece *sorprendido* por la pregunta.
–No… Quiero decir, sí. ¿Por qué? Mucha gente fue, ¿no? Es el festival más importante de Mérida. Quería verlo yo también…
–¡Me parece estupendo! –exclama Gloria–. ¿Por qué no me avisaste? Yo también estaba allí. ¿Por qué parte estabas tú sentado?
–Por donde… –José Manuel se queda *callado* y luego grita–. ¿Por qué no se va ese señor? No me gusta como me mira.
–De acuerdo, me iré si es lo que quiere José Manuel. No quiero *molestar* –dice Márquez, disponiéndose a irse.
–Perdone, señor. Puede quedarse. Es que estoy algo nervioso. Es que no sé qué quiere el César.
–¿Qué César? –pregunta Gloria.
–El César me ordena cosas y se *enfada* mucho si no las hago.
Gloria mira *asustada* a José Manuel.
–¿Quién es el César, José? ¿Es alguien del hospital?
José Manuel sonríe:
–No, él vive en un palacio. El César tiene más poder del que usted cree.
Entonces, Márquez decide intervenir:
–Tiene razón José Manuel, es un hombre muy poderoso.

–¿Ves? Ya lo decía yo –dice José Manuel sonriente–. Este hombre también le conoce.
–¿Y quién más conoce al César?
–Oh, mucha gente…
–¿Esa noche, estuvo alguien con el César, o sólo tú?
–No, el César visitó también a los actores, dándoles permiso para actuar… –dice José Manuel, sonriendo.
Márquez sonríe. Las cosas comienzan a *encajar*.
–De acuerdo, José, creo que vamos a dejarte descansar un rato, luego volveremos, ¿vale? –le dice la doctora.
Gloria López y el comisario salen de la habitación de Blázquez.

! ÜBUNG 13

*Übung 13: Formulieren Sie die folgenden Sätze im Indefinido!*

1. Él es profesor de griego en el instituto en el que estudio.

_______________

2. Márquez duda un momento, pero luego toma una decisión.

_______________

3. Cuando Márquez llega al hospital, se encuentra con la doctora.

_______________

4. Loles Ramos peina y maquilla a Felisenda.

_______________

5. La doctora dice que José Manuel tiene una infancia difícil.

_______________

Márquez, entonces, llama a todos los *miembros* del Teatríptico. Cuando llegan, Laura y Ainara, que no se *enteraron de* la agresión al turista, saludan *cariñosamente* a Blázquez. Laura lo abraza y le da dos besos en las mejillas:

–José, ¿qué haces aquí? –le pregunta, pero el chico no contesta.

–¿De qué conocen a este muchacho? –pregunta Márquez con seriedad.

–*Apareció* en los ensayos de 'Antígona', como un admirador demasiado curioso… –dice Laura–. Al principio me enfadé porque quiso entrar en el *vestuario* cuando estaba casi *desnuda*, pero luego se lo perdoné. Es tan inocente…

–¿Ustedes lo conocen también? –pregunta Márquez a Luis Manuel y Fernando.

–Sí, lo vimos la noche anterior a la del estreno. Un chico un poco curioso, pero en fin, no lo hace con mala intención –dice Luis Manuel, sonriendo.

–Este chico había escapado del psiquiátrico, ¿lo sabían ustedes?

Laura y Ainara parecen muy *sorprendidas*:

–No lo sabíamos, señor –dice Ainara–. Tiene… ¿Tiene algún problema grave?

–No es momento de hablar de eso, pero sí, este chico necesita tratamiento –dice Márquez, que *mira de reojo a* Luis Manuel y Fernando, pues quiere ver cómo reacciona José Manuel ante ellos.

–Señor Gutiérrez, señor Duque, ¿quién es el César? –pregunta de repente Márquez.

Ambos actores lo miran muy *sorprendidos*, como si pensaran que quien debería estar en el psiquiátrico es el detective.

–¿Cómo? ¿Qué César?

–José Manuel me ha hablado de un tal César, que le ordena cosas…

Márquez observa muy atentamente a los actores. Mientras Fernando mira con los ojos muy abiertos, Luis Manuel parece pensar algo

y no atreverse a decirlo. Márquez *intenta* ayudarle:
–En qué piensa, ¿recuerda a alguien que pueda ser este César?
Luis Manuel parece *sorprendido* por la pregunta, y responde algo nervioso:
–¡No, no, en absoluto! Estaba pensando en otras cosas pero… no conozco a ningún César.
Márquez mira *fijamente* a Luis Manuel, sin estar seguro de si dice la verdad o no. Entonces se *acerca* a José Manuel y le pregunta:
–¿Cómo era el César? ¿Se *parecía* a alguno de estos dos hombres?
José Manuel contesta, *sorprendido*:
–¡No, no! El César era muy diferente, él… no se puede describir…
Márquez entonces se *fija en* un gesto que hace José Manuel, que se acaricia la *barbilla* mirando hacia arriba. Ese gesto le recuerda a alguien, pero no sabe exactamente a quién. Se le *ocurre* una idea.

ÜBUNG 14 !

*Übung 14: Lesen Sie weiter und setzen Sie die korrekten Verbformen ein!*

–De acuerdo, chicos, (1. creer) ______________ que es suficiente. Por el momento, no (2. necesitar) ______________ más de vuestra ayuda, pero (3. deber) ______________ seguir a disposición de la policía para cualquier pregunta.

–Por supuesto, *intentaremos* ayudar en cualquier cosa para encontrar al *asesino* de Felisenda –dice Luis Manuel.

Cuando se (4. ir) ____________________ los actores, Márquez habla a la doctora López:

–Necesito un permiso especial para salir con José Manuel del psiquiátrico.

–Pero, ¿cómo? ¿Qué es lo que (5. querer) ______________ hacer?

–Creo que él fue utilizado por alguien, pero no sé por quién…

–José Manuel (6. escaparse) ______________ hace unos días, no creo que sea bueno que salga tan pronto.

–Por favor, doctora López, es muy importante.
–Tengo que consultarlo con los otros médicos.
Gloria López se va durante unos minutos, que a Márquez le parecen eternos. Finalmente llega:
–De acuerdo, puede salir con él, pero bajo su exclusiva responsabilidad.
Entonces, Márquez llama a Antonio, el padre de Felisenda:
–Señor Gimeno, voy ahora a su casa de campo. Necesito hablar con usted, con Ramón y con Enrique.
–¿Qué ocurre? ¿Sabe ya quién fue el *asesino* de mi hija? –pregunta Antonio con voz muy nerviosa.
–Aún no estoy seguro, pero creo que muy pronto lo sabremos.
–Espero que así sea… De acuerdo, aquí lo esperamos.
–Sólo le pido una cosa. Cuando llegue a su casa, quiero hablar con usted a solas, antes de que nos vean Ramón o Enrique –advierte Márquez.
–Como usted quiera. Aunque ellos son de confianza, no voy a decir nada a nadie.
En seguida Márquez va en coche con la doctora López y José Manuel hacia la finca de Antonio. La doctora conduce el coche del psiquiátrico, mientras Márquez le indica el camino. José Manuel, cuando ve que el coche se dirige al campo, se pone muy nervioso.

–¿Adónde vamos? ¿Adónde me lleváis? –pregunta.
–Vamos a ver a unos amigos.
Cuando llegan a la puerta de la *verja*, comienzan a ladrar unos perros. José Manuel se *asusta*.
Antonio viene a abrir la puerta. Márquez entra *acompañado* del chico.
–Vaya, qué pronto ha venido. ¿Quién lo *acompaña*?
–Es José Manuel, estuvo con Felisenda la noche del estreno.
–¿Cómo? –Antonio se queda helado, y mira con *incredulidad* a José Manuel–. ¿Él…?
–No, él no *tuvo* nada *que ver con* lo que ocurrió a su hija –interrumpe Márquez y, a continuación, dirigiéndose a José Manuel–. ¿Conoces a este señor?
–¿Qué preguntas son ésas? ¿De qué nos íbamos a conocer?
José Manuel mira a Antonio *fijamente*, y luego dice:
–No. ¿Por qué me hace esas preguntas? ¿Por qué me ha traído aquí?
–De acuerdo. Señor Gimeno, podría hacer pasar a Ramón. Pero que pase sólo él.
Al poco entra Ramón. Está despeinado, sin *afeitar* y con *señales* de haber dormido muy poco.
–¿Qué ocurre? ¿Quién es éste?
–¿No lo conoce?
–No, no lo he visto en toda mi vida.
–José Manuel, ¿tiene que ver algo él con el César?
–No lo conozco.
–De acuerdo. Ramón, ¿podrías llamar a Enrique?
–Como quiera, aunque no entiendo este teatro.
Ramón sale de la habitación en busca de Enrique. Entonces se oyen voces. Ramón y Antonio discuten.
–¿Cómo que se fue? ¿Adónde?

–No sé, Ramón, ya sabes cómo es mi hermano, hace lo que quiere…

Entonces, Márquez coge de la mano a José Manuel:

–¡Vamos! –y salen corriendo de la casa–. Gloria, ¿has visto a un hombre salir de la casa?

–Sí, un hombre salió y subió en una furgoneta.

–¿Qué dirección lleva?

–Se fue por el *camino dehesa adentro*.

Márquez y José Manuel suben al coche y Gloria conduce rápidamente por el *sendero* lleno de piedras. Mientras, Márquez llama a la policía de Mérida y avisa para que haya control en las carreteras. Afortunadamente, Gloria *apuntó* la *matrícula* de la furgoneta.

–Pero no creo que se dirija hacia la carretera. Ese camino sigue por la *dehesa*.

A los pocos kilómetros, encuentran la furgoneta. Un *helicóptero* de la policía *rastrea* la *dehesa*. Finalmente ven a un hombre cuidando unos árboles.

–Enrique, no sé de qué huye.

–¿Cómo? Ah, señor… detective… ¿cómo está? He venido a mirar estos olivos, que necesitan *riego*, con este verano *caluroso*…

–Sí, es verdad, pero quería hacerle unas preguntas.

–Muy bien, y qué quiere saber –responde de repente, en tono *desafiante* y apoyando la mano en la cintura. Márquez *sospecha* que lleva una pistola y se pone en guardia.

En ese momento llega José Manuel:

–¡Mi César, por fin te encuentro! –grita el chico y se arrodilla ante Enrique.

–Pero, ¿qué es esto? –pregunta Enrique, confundido.

–¡César, cumplí mi misión, no dejes que me *encierren* de nuevo!

–¿Pero qué dices, de qué misión hablas? –Enrique parece ahora muy nervioso.

–Todas, mi César, defender el Imperio contra el bárbaro extranjero y dar a Cleopatra su *merecido*... –dice José Manuel.

En ese momento, aprovechando el nerviosismo de Enrique, Márquez se lanza sobre él, lo inmoviliza y le *pone las esposas*.

–Creo que tendrás que explicarme algunas cosas. Vamos de nuevo a casa de Antonio –dice el detective.

–¡No! –grita Enrique desesperado–. Contaré todo, pero no delante de mi hermano y de Ramón.

–De acuerdo –dice Márquez–. Lo escucho.

Enrique, *abatido*, comienza a hablar, mirando el suelo:

–Felisenda era mi amante, desde hace mucho tiempo. Nadie lo sabía, sólo los actores de Teatríptico, porque nos veíamos durante los ensayos de la *compañía*...

–¿Ramón nunca *sospechó* nada?

–No, aunque yo no le soy simpático.

–¿Y por qué *decidió* matarla?

–Ella me dijo que no quería verme más, que quería casarse con Ramón y que tenía que *romper* conmigo. Yo no podía *soportar* la idea de estar sin ella, aunque lo nuestro fuera secreto. Me dijo que si yo *insistía*, ella contaría todo a Ramón, pero que lo contaría "a su manera"... Entonces vi que no podía hacer nada, pero no *soportaba* la idea de verla casada con otro hombre.

–¿Y cómo *involucró* a José Manuel en todo esto?

–Yo conocía el caso de José Manuel Blázquez... –dice Enrique, y se *calla*.

–¿Cómo lo conocía?

–Esto es duro de decir pero yo... soy su padre.

–¿Usted es su padre?

–Sí. Así pude llegar al psiquiátrico, verlo, hablar con él y arreglar su fuga.

–¿Cómo pudo hacerlo? La psiquiatra que trata a José Manuel no

me dijo nada de usted.
–Fue gracias a otra persona…
–De acuerdo, dará usted los detalles al juez. Siga.
–Sabía del problema de mi hijo y me hice pasar por el César, le *exigí obediencia absoluta*, lo liberé y luego lo oculté en mi casa en Mérida durante unos días. Durante los días anteriores al estreno vino conmigo a los ensayos de 'Antígona' y se hizo amigo de los actores y de Felisenda. La noche antes del estreno volví a verla e *intenté convencerla* de que no me *abandonara*, pero ella se negó. Entonces, preparé una bebida *envenenada* y mi hijo, *obedeciéndome*, se la sirvió a Felisenda el día del estreno y… –Enrique rompe a llorar, no puede seguir.
Márquez lo *contempla sorprendido*:
–¿Le parecía bien convertir a su hijo en un *asesino*?
–Él estaba de todos modos en el psiquiátrico…
Márquez, apenado, llama a la policía, hace *detener* a Enrique y evita el encuentro de éste con Antonio y Ramón, mientras que a Blázquez lo llevan de nuevo al psiquiátrico.

# 37 TREINTA Y SIETES

**Iñaki Tarrés**

*A mis hijos*

## Capítulo 1: El palmeral de Carboneiras

La arena de las dunas llega hasta la calle. El viento sopla *suave* pero sin pausa, levanta la arena de la playa Babilonia y la deja *caer* sobre el asfalto, sobre los tejados de las casas, sobre los coches, sobre las hojas de las palmeras. El *palmeral* entero se mueve al ritmo del viento y hay muchísima luz. Maela piensa que es hora de volver a casa, no es bueno tomar tanto sol. Recoge las cosas y toma el camino de regreso. En un lado de la calle, las casas son de un piso y están construidas directamente sobre la arena. En el otro no hay casas, la calle es el límite de un *Parque Natural Protegido*, el Palmeral de Carboneiras.

"Cuántos coches hay en este país", piensa Maela, mirando la fila de coches *aparcados*. Lleva ya casi cinco años en ese pueblo, pero no se *acostumbra a* los coches. Pensando en estas cosas, llega a su propio coche y sube.

Maela va despacio. Es sábado, son casi las 2 de la tarde y hay poca gente por la calle. Carboneiras es un pueblo que creció con el turismo, no pasa de los 10.000 habitantes.

Maela piensa en su vida, en los chicos que han pasado por su vida desde que regresó a España, en que dentro de una semana va a cumplir 37 años y en que todavía no quiere vivir con nadie. Porque desde que volvió a España, hace casi 5 años, vive muy tranquila con sus padres. *Así que* les dice que no a los chicos. A ellos les parece una mujer un poco fría, pero se *equivocan*, Maela piensa que no la entienden.

*Übung 1: Lesen Sie weiter und setzen Sie **es** oder **tiene** in die Lücken ein!*

(1.) _____ rubia, delgada, no muy alta. (2.) _____ el pelo ondulado, no muy largo. Le gusta levantarse tarde y *acostarse* tarde. (3.) _____ los ojos marrones, grandes y expresivos. No (4.) _____ muy guapa, pero sí atractiva. (5.) _____ una mirada muy intensa. (6.) _____ bastante inteligente, aunque a veces se pone un poco nerviosa. (7.) _____ muy independiente. Le encanta el cine y siempre ve las películas en versión original.

La chica *aparca* su coche muy cerca de la casa de sus padres. Antes de entrar, se *acerca* al quiosco de la esquina a comprar el periódico. Se *fija en* las *portadas* de los periódicos y en la foto de un chico bastante guapo. El titular dice:

**SORPRENDENTE DESAPARICIÓN DEL HIJO DEL ALCALDE DE CARBONEIRAS**

"Anda, si aquí nunca pasa nada interesante, y ahora *secuestran* al hijo del *alcalde*", piensa Maela, a quien la política no le interesa. Para ella, Carboneiras es sólo el pueblo donde eligió vivir, el típico pueblo de la costa mediterránea, junto a un río que no siempre lleva agua segura, con su pequeño puerto de *pesca* y su buen tiempo casi todo el año.

–Qué chico tan guapo.

–¿Decías algo, Maela?

–No, Miguel, estaba hablando sola. Es que no sé qué periódico comprar. Bueno, mira, me llevo 'El País' y esta revista de esoterismo.

–Son cinco con cuarenta.

–Aquí tienes.

–La vuelta.

–Gracias, hasta luego.

–Hasta luego, Maela.

A ella le gusta el quiosquero, pero sabe que con él no tiene posibilidades. Se conocen desde hace mucho, se tienen mucho *cariño* y algunas veces se han ido de copas juntos.

'Los números nos rodean' –empieza a leer Maela sentada en una terraza de un bar en el paseo marítimo–, 'están en los documentos, en las *señales*, en las fachadas de las casas, pintados en el suelo, escritos en los objetos de consumo. Precios, números de teléfono, *matrículas*, facturas, documentación, códigos, años, direcciones, medidas… Los números son orden, pero en nuestra *vida diaria* parecen rodearnos caóticamente. Aunque, si nos *fijamos* bien, podemos *descubrir* su orden secreto. Levante usted la mirada y mire a su alrededor. Observe bien…'

Maela levanta la mirada y observa a su alrededor. Mira la fachada de la casa donde está el bar, el número de la casa de al lado es el 37. Luego gira la cabeza y ve otro 37 en la *matrícula* de un coche y otro en el teléfono de una empresa que se anuncia en un gran *cartel publicitario*.

"Un momento", piensa. "¿Qué es esto?". Se *fija en* el artículo de la revista, se llama "Los 37 treinta y sietes". *Asustada* tira la revista al suelo.

–¡Qué tontería he hecho! Hoy estoy fatal. En el fondo, estoy fatal.

–¿Qué dice usted? –le pregunta una señora muy vieja sentada en la mesa de al lado.

–Eh, nada, nada. Lo siento, estaba hablando sola.

–Sí, ya veo.

*Übung 2: Setzen Sie die folgenden Aussagen ins Perfekt!*

ÜBUNG 2 !

1. Estamos fatal. ____________________
2. Hice una tontería. ____________________
3. Se van juntos. ____________________
4. ¿Qué dice usted? ____________________
5. Sí, ya veo. ____________________

Maela recoge la revista del suelo, paga y se levanta. Pasa toda la tarde paseando. Piensa mucho en su vida, en la gente que ha conocido. Piensa muchas veces que va a cumplir 37 años y se pregunta si ha *logrado* lo que quería en la vida. Piensa que siempre ha querido tener un hijo. Al llegar a casa, sube las escaleras con la revista en la mano. En su habitación, ve que dentro hay un papel: es una invitación para esa noche, un acto organizado por un grupo esotérico llamado El LE circular. "Qué nombre tan raro", piensa Maela, "pero no tengo ganas de salir esta noche. Además, mañana es lunes y tengo que levantarme temprano para ir a trabajar". Antes de bajar a cenar, pone el despertador, casi sin *darse cuenta*, para las 7:37 de la mañana.

*Übung 3: Sind die Aussagen korrekt? Markieren Sie mit richtig ✔ oder falsch – !*

ÜBUNG 3 !

1. Maela vive en un pueblo junto al mar. ☐
2. Vive con Miguel en una casa cerca de la playa. ☐
3. Maela se sienta en la terraza de un bar. ☐
4. Maela siempre compra el periódico en el mismo quiosco. ☐

5. En el periódico lee un artículo de esoterismo. ☐
6. La casa donde vive Maela tiene dos pisos. ☐

## Capítulo 2: El hijo del alcalde

Maela se ha *equivocado* porque al día siguiente no es lunes sino domingo, aunque en ese momento aún no se ha *dado cuenta*. Se levanta sin hacer *ruido*, baja las escaleras muy silenciosamente y, cuando está abajo, coge su bolsa y sale, cerrando la puerta de casa con muchísimo cuidado. Afuera ya hace bastante sol. Hay una brisa fresca que viene del mar. Entonces, se queda muy quieta mirando la calle: no hay nadie. Nadie. "¿Qué ha pasado en este pueblo, adónde ha ido todo el mundo?". Todos los *comercios* que a esa hora normalmente están abiertos, están cerrados. Sólo el quiosco de la esquina está abierto. En ese momento, sale el quiosquero con un paquete de periódicos *atados* con un *cordel*.

–Hola, Miguel, ¿qué pasa hoy aquí?, ¿dónde está todo el mundo?

–Hola, buenos días, Maela. Pues no sé, deben de estar durmiendo, *supongo*.

–¿Durmiendo?

–Bueno, sí, es lo normal, ¿no?

–¡Pero si hay que ir a trabajar!

Miguel se *acerca* mucho a Maela, y la chica se pone roja, porque Miguel siempre le ha gustado.

–¿Qué te pasa Maela? Hoy es domingo.

–¡Es verdad! No sé qué me pasa. Quizás es porque voy a cumplir 37 años.

–Ay, hija, qué obsesión tenéis las mujeres con la edad –dice Miguel mientras pone revistas y periódicos delante del quiosco. Maela observa los periódicos de la zona, todos hablan de la *desaparición*

de Jorge Álvarez Mendía, el hijo del *alcalde*. Su foto está en casi todas las *portadas*. Es un chico joven y bastante guapo que viste con elegancia. En una de las fotos lleva una chaqueta oscura y una camisa de marca, pero sin corbata.
–Tiene cara de *pijo*, pero me gusta. ¿Por qué crees que lo han *secuestrado*?
–No sé, léelo tú misma.
Coge un ejemplar del periódico 'Las Minas' y, sin pagar, se aleja del quiosco leyendo los titulares.
–¡Maela! –grita Miguel–, ¡que te lo llevas sin pagar!
Pero la chica no oye lo que Miguel le dice.

*Übung 4: Lesen Sie weiter und setzen Sie den korrekten Artikel in die Lücken ein!*



El bar Lola la ola es (1.) ______ único que suele estar abierto (2.) ______ domingos por (3.) ______ mañana. A Maela no le gusta mucho porque Julián García, (4.) ______ hijo del *propietario*, está medio enamorado de ella y a ella no le gusta nada él. Espera no encontrárselo en (5.) ______ bar, porque empezará a hacerle *cumplidos* y eso a ella la pone nerviosa. "No veo a nadie, buena *señal*, Julián no debe de estar".

–Hombre, Maela, ¿qué tal?
"Oh, no, sí que está…", piensa la chica.
–Hola, Julián.
–¿Qué haces tú por aquí a estas horas?

–Es que me he despertado muy temprano y he salido a dar una vuelta.
–¿Qué vas a hacer esta noche? Hay una fiesta en la playa, vamos a ir todos. Álvaro se ha comprado un coche nuevo y lo vamos a celebrar. Van a venir todas las novias.
–Perdona, Julián, pero ya te he dicho que contigo y tus amigos no quiero salir. Déjame tranquila, que quiero leer el periódico.
–Bueno, mujer, no te pongas así. Ala, hasta luego.
"Es un *pesado* el hombre y ya me ha puesto de mal humor", piensa Maela mientras lee el artículo sobre el *secuestro*.
–¿Te has *enterado de* lo del *secuestro* del hijo del *alcalde*? –interrumpe Julián desde una mesa cercana.
Maela piensa: "¿Qué puedo hacer con este chico?"
–Oye, quizás has sido tú quien ha *secuestrado* al hijo del *alcalde*. Siempre hablas mal de los políticos, y creo que le tienes un poco de *envidia* al Jorge ése, como tiene más dinero que tu familia y tiene ese coche tan bueno y esa novia tan guapa y lleva esa ropa que tú no te puedes comprar. Pensándolo bien, eres el *sospechoso* ideal…
Julián se pone rojo como un *bogavante*, se levanta de la mesa muy *enfadado* y *desaparece* dentro del bar. "¡Por fin!", piensa Maela, y vuelve tranquilamente a la lectura del periódico.

ÜBUNG 5 !

*Übung 5: Setzen Sie die 2. Person Singular des Imperativs ein! Achten Sie besonders auf die Akzente.*

| | | | |
|---|---|---|---|
| 1. coger | *coge* | 2. salir | |
| 3. fijarse | | 4. levantarse | |
| 5. darse cuenta | | 6. vestirse | |
| 7. escucharme | | 8. volver | |

**CONTINÚA DESAPARECIDO EL HIJO DEL ALCALDE**

La policía no ha podido *descubrir* hasta el momento ninguna *pista* para *resolver* el misterio de la *extraña desaparición* de Jorge Álvarez Mendía, hijo único de Carlos Álvarez Castro, abogado de 58 años y actual *alcalde* de Carboneiras. La familia ha *ofrecido* una *recompensa* de 10.000 € a quien pueda dar información para encontrar a su hijo.

Jorge Álvarez Mendía nació en Almería hace 36 años y estaba a punto de celebrar su cumpleaños. Estudió primero en...

Pero Maela ya no puede leer. Al ver el número se acuerda del artículo de la revista esotérica.

"Jorge tiene 36 años, como yo, qué curioso", piensa Maela. De repente se le *ocurre* algo. Se levanta y vuelve a su casa sin escuchar los gritos de Julián a su *espalda* diciéndole que no ha pagado el café.

"Vaya, no tengo plano de Carboneiras", piensa Maela mientras camina por la calle con su bolso y un cuaderno de *tapas* negras en la mano. Mira a todas partes: *matrículas* de coches, *placas* de información de todo tipo, *señales* de tráfico, avisos pegados en las paredes, en las puertas y en los *escaparates* de las tiendas, papeles tirados por el suelo, grandes anuncios publicitarios, las *tallas* de los zapatos en una zapatería, la lista de tapas de un bar y la de ofertas de una tienda de telefonía móvil; un reloj parado a las 16:37. Lo anota todo. Una hora más tarde se le *ocurre* ir a la oficina de información turística del *ayuntamiento*. Allí pide un plano del pueblo. Con el plano y las anotaciones que tiene, se va a la playa. Busca un sitio tranquilo y se sienta en la arena y abre el plano. Hay un texto sobre las dunas.

## La pineda de Carboneiras

### Dunas de Carboneiras

Este parque tiene 800 hectáreas de extensión y en su origen fue un conjunto de dunas de arena móviles, que se fijaron gracias a la plantación de *pinos*, palmeras, cipreses y eucaliptos. El proyecto de plantación del pinar de Carboneiras empezó en el año 1900 y terminó en los años treinta del siglo XX. Se creó así el actual bosque situado al lado del mar. Esta pineda, dividida actualmente en dos partes llamadas Parque de Alfonso XIII y Parque Reina Sofía, se extiende entre el centro de la ciudad y las playas de Babilonia y de los Viveros.

"Bueno, no me ayuda mucho por ahora. Vamos a ver, tengo muy pocas anotaciones, apenas 17 treinta y sietes, es muy poco, por ahí no llego a nada. Vamos a ver si me concentro. Para hacer una figura sobre un plano, los treinta y siete tienen que estar en lugares fijos y deben formar un *recorrido* que lleva directamente al *escondite*. Es sólo una intuición, pero voy a seguir esa intuición".

Guarda el plano y el cuaderno con las anotaciones en el bolso y se tumba. El calor de la arena la relaja. Con los ojos cerrados ve dentro de su mente las caras de amigos, novios, hermanos, padres, compañeros de trabajo, personas que conoció en las distintas épocas de su vida. Al final se ve a sí misma, una mujer soltera y sin hijos que vive en casa de sus padres y trabaja por un *sueldo* ridículo durante 35 horas a la semana (¡y no 37!), una mujer sola que es relativamente feliz.

"¿Realmente soy feliz?", se pregunta en el mismo momento en que piensa que tiene sed. *Así que* se levanta y vuelve a las calles del pueblo en busca de un bar con sombra.

*Übung 6: Lesen Sie weiter und setzen Sie die richtigen Präpositionen in die Lücken ein!*

De camino (1.) _____ bar, Maela sigue mirando las fachadas de las casas en busca (2.) _____ alguna *pista*. Entonces lo ve claro. "¡Exacto, eso es!, ¿cómo no me he *dado cuenta* (3.) _____ eso antes?"

(4.) _____ el bar pide una cerveza, pone el plano del pueblo (5.) _____ la barra y empieza (6.) _____ estudiar todos los nombres de las calles. Aún no sabe cómo orientarse en ese aparente caos, y lo malo es que el plano no indica los números de las casas. *Así que* se lanza (7.) ________ nuevo a la calle. Anota muchos números. (8.) _____ eso de la una y media ya hace demasiado calor, incluso (9.) _____ ella, y vuelve (10.) _____ casa a comer. Pero antes, una última parada.

Está cerca del parque de las dunas. En una esquina hay un restaurante.
–¿Vas a comer? –pregunta el camarero.
–No, gracias, sólo una tapa de ensaladilla rusa y una *caña*. Voy a estar poco rato.
–Qué pena, porque con esos ojos marrones que tú tienes, ya podías quedarte una *eternidad*.
A Maela le gusta el piropo, es más elegante que los de Julián. Se ve que el camarero no es del pueblo, es alto, delgado, de pelo castaño, *hombros* fuertes, mirada segura.

"Anda, chica, concéntrate en lo tuyo y deja a los hombres que ves. A ver, el plano: 23 *portales* con el número 37, no está mal para una mañana de búsqueda. A ver si puedo hacer un dibujo que me dé alguna *pista*. Es como los juegos ésos de los niños que tienen que *unir* los puntos hasta que al final *aparece* una figura. Los puntos tienen que ser *señales* fijas, como los números de los *portales* de las casas. A ver, aquí, aquí, aquí, sí, ahí se *acerca* el camarero de antes, es guapo, un poco alto para mí, pero guapo, y aquí, y aquí, y esos *hombros*, y aquí, y esa mirada, y aquí. Ya está, pero no veo nada. Qué *decepción*".

## Capítulo 3: La teoría del caos

Durante la semana, Maela trabaja de traductora en un pequeño *bufete de abogados*. No ha estudiado derecho, pero tiene facilidad para las lenguas y el *bufete* tiene muchos clientes extranjeros que viven en Carboneiras. Hoy todos comentan la *desaparición* del hijo del *alcalde*.

–¿Y a usted qué le parece, Ramírez?

–A mí qué me cuenta. Yo no sé nada de *desapariciones*.

De pronto, Maela se *fija en* que Ramírez lleva un papel en la mano.

–¿Qué es eso, Ramírez?

–Nada, nada.

–A ver… Una hoja de calendario. La del próximo domingo. ¿Qué va a pasar el próximo domingo, Ramírez?

Ramírez coge el papel, se mete en la cocina del *bufete* y cierra la puerta.

–Qué raro está ese Ramírez, ¿no? ¿Qué le puede pasar?

–Aquí está su ficha. A ver, el domingo es su cumpleaños, por eso llevaba esa hoja del calendario –dice otro de los *empleados*.

–¿Y por qué se ha *enfadado*?
–Quizás sabe quién ha *secuestrado* al hijo del *alcalde*.
–Estos días, cualquiera puede ser *sospechoso*.
"¿Qué hacía Ramírez con esa hoja de calendario en la mano? ¿Qué va a pasar el domingo? ¿*Tiene* algo *que ver con* mi cumpleaños? ¡Qué *coincidencia*, los dos nacimos el mismo día! Tengo que seguir traduciendo, a ver, esta palabra. No puedo concentrarme". Después de tres horas sólo ha traducido la mitad del texto.
–Me voy a comer, hasta luego.
*En vez de* ir a comer, se va a buscar treinta y sietes por las calles de Carboneiras. Anota los que encuentra en el plano, que lleva siempre en el bolso, pero se *da cuenta de* que los tiene casi todos anotados.



*Übung 7: Wie lautet das Gerundium der folgenden Verben? Achten Sie besonders auf unregelmäßige Formen.*

| | | | |
|---|---|---|---|
| 1. decidir | *decidiendo* | 2. escribir | ______ |
| 3. buscar | ______ | 4. pasear | ______ |
| 5. pensar | ______ | 6. ducharse | ______ |
| 7. hacer | ______ | 8. vestirse | ______ |
| 9. pedir | ______ | 10. levantarse | ______ |

El miércoles por la tarde, después del trabajo, a eso de las seis, Maela pasa, plano en mano, por la calle del Mar. Va mirando todos los números de las casas, los pares a un lado y los impares al otro. "Pues no está, y ya lo he mirado dos veces. Vamos a ver, 31, 33, 35, 39. No, no está, no existe el número 37". Toca el timbre de la casa

33 y sale una mujer mayor.

–Perdone, señora, una pregunta. Mire, estoy buscando el número 37 de esta calle, pero no lo encuentro.

La mujer *tarda* un momento en contestar. Primero mira de arriba a abajo a la chica, parece que está *decidiendo* si contestar o no a la pregunta de Maela.

–Bueno, ese número no existe desde la *Guerra Civil*. Mi madre me dijo que cayó aquí una bomba que destruyó la casa entera. Luego, el *propietario* de la casa de al lado compró el terreno y amplió su casa.

–¿El *propietario* del número 35 compró el número 37?

–Eso es, pero ya no vive aquí. La casa está vacía desde hace mucho tiempo, aunque si te soy sincera, a mí me parece que hay *fantasmas*. A veces, por la noche, oigo *ruidos*.

–Qué misterioso –comenta Maela con ironía.

–Te lo digo en serio, niña. En este pueblo hay muchos *fantasmas*.

–Bueno, señora, muchas gracias. Ha sido usted muy amable. Me tengo que ir a casa.

–Vuelve otro día y te contaré más cosas.

–Lo haré. Hasta luego.

–Hasta luego. Eh, niña, espera un momento, ¿cómo te llamas?

Ya no la oye, sigue su camino concentrada en sus pensamientos. "En este pueblo nos estamos volviendo todos locos".

Entonces, al guardar el plano en el bolso, ve la invitación a la fiesta del grupo El LE circular. "Qué curioso, a ver dónde era la fiesta… anda, calle del Mar 37. No puede ser. Pero en esta calle no existe el número 37. Y además, qué raro es el nombre de este grupo, parece una especie de secta, ¿dónde puedo preguntar por la casa? Ah, mira, el *ayuntamiento*, a ver si ahí me dicen algo".

La puerta del *ayuntamiento* está cerrada. Llama a la puerta, pero nadie contesta.

*Übung 8: Setzen Sie die folgenden Verben in die 1. Person Singular Präsens! Achtung, alle Formen sind unregelmäßig!*

| | | | |
|---|---|---|---|
| 1. encontrar | ______ | 2. salir | ______ |
| 3. pensar | ______ | 4. conocer | ______ |
| 5. dormir | ______ | 6. contar | ______ |
| 7. hacer | ______ | 8. conducir | ______ |
| 9. decir | ______ | 10. saber | ______ |
| 11. ponerse | ______ | 12. caber | ______ |

–¿Necesita algo?

Detrás de la chica ha *aparecido* un hombre joven con unos rollos de papel bajo el brazo y un *casco de obra* en la cabeza. Lleva unas llaves en la mano. Viste de una manera elegante pero informal, con una chaqueta de cuero negra que no es típica de Carboneiras. Tiene el pelo *abundante*, los ojos azules y algunas *canas*. Va a medio *afeitar*. Huele muy bien. Ella lo mira sin poder decir nada.

–Que si necesita algo. Yo trabajo aquí, ahora ya no hay nadie, pero si necesita algo, quizás puedo ayudarle.

–Eh, eh, esto…, sí, bueno, no sé.

–Entre, hablaremos en mi oficina.

El hombre abre la puerta con las llaves que lleva en la mano y deja pasar a Maela. Le indica que suba al primer piso.

–¿Quiere tomar algo? –le pregunta el hombre cuando ella se sienta frente a su mesa de trabajo.

–No, gracias.

–Soy el ayudante del *concejal de urbanismo*. Explíqueme qué busca, quizás le puedo ayudar.

–Vamos a ver cómo empiezo. ¿Usted conoce la teoría del caos?
–Claro que la conozco, me fascina. Llevo muchos años estudiándola.
–No me lo puedo creer.
–Sí, claro, me encantan las matemáticas. Fíjese, ¿no ha visto los dibujos que forma el viento sobre la arena de las dunas? Son fractales perfectos. He hecho muchas fotos de esos dibujos.
Maela casi ha dejado de escucharlo. Piensa muy rápido: "¿Dónde estaba este chico? Alto, fuerte, urbanista. ¿De dónde ha sacado esa chaqueta negra de cuero? Tengo que saber si tiene novia. ¡Eh!, espera, chica, despacio".
–Pero, ¿me está escuchando? Aún no me ha explicado qué busca.
–Mira –Maela ha *decidido tutearlo*.
Maela le enseña la hoja del grupo esotérico. Él la mira, pero no entiende. Entonces, el chico saca un *cordel* del bolsillo y empieza a jugar con él.
–Mira la dirección.
–A ver, calle del Mar número 37.
–¿Y? –él la mira con cara de estar pensando "esta chica es rara".
–Pues que ese número no existe. Me han contado que cayó una bomba y destruyó la casa, y que luego el *propietario* de la casa de al lado, la del número 35, la compró y amplió la propiedad.
–Bien, ¿y?
–¿Pues entonces cómo puede este grupo celebrar sus reuniones en una casa que no existe?
–No sé, ¿es importante?
–¡Claro que es importante! –grita Maela, que no entiende cómo ese hombre tan guapo que conoce la teoría del caos no entiende algo tan evidente.
–A ver, tranquilízate. ¿Para qué es importante?
–Pues para encontrar al hijo del *alcalde*.

–¡¿Qué?! –el urbanista se ha quedado con la boca abierta y las manos quietas.

"Cree que estoy loca, o que soy idiota, no sé qué es peor. Le tengo que demostrar que no", piensa ella.

–Mira, aquí está el plano de Carboneiras. Si *unimos* todos estos puntos podremos *conseguir* una figura…

–¿Qué son esos puntos?

–Los números 37 de todas las calles.

–Bien, es curioso, pero eso, ¿qué *tiene que ver con* el hijo del *alcalde*?

–Pues que va a cumplir 37 años dentro de poco, como yo.

–¡Ah!, tienes 36 años.

–Sí. ¿Y tú?

–Algunos más. ¿Y tú crees que la *desaparición* de Jorge Álvarez Mendía está relacionada con el número 37 porque va a cumplir 37 años? –dice el ayudante del *concejal*.

–Eso es.

Los dos se quedan *callados*. Las manos del ayudante del *concejal* son fuertes, grandes, hermosas. El *cordel* pasa una y otra vez entre sus dedos.

–¿Cómo te llamas?

–¿Yo? Maela.

–¿Es lo mismo que Manuela?

–No, bueno, sí, pero no me gustaba y lo acorté. ¿Y tú?

–Sasia. Es Alejandro en ruso.

–Ya lo sé. ¿Eres ruso?

–No, mi madre era rusa. Mi padre estaba enamorado de San Petersburgo y se fue allí a buscarla. Se llamaba Marchia…

Mientras habla, sigue con su *cordel* en las manos. Maela tiene en las suyas la invitación del grupo esotérico. Es entonces cuando Sasia, que está sentado frente a ella, lo ve.

–¡Espera un momento! Mira la invitación.
–¿Qué le pasa?
–Mírala *al revés*.
–¡Tienes razón! Poniendo LE *al revés* sale 37. Por favor, ayúdame.
–Está bien. Mira, voy a mirar en los archivos, a ver si *descubro* algo sobre la casa. Nos vemos más tarde, ¿vale?

! ÜBUNG 9

*Übung 9: Sind die Aussagen korrekt? Markieren Sie mit richtig ✔ oder falsch – !*

1. Maela es abogada. ☐
2. Ramírez trabaja en la misma oficina que Maela. ☐
3. En la calle del Mar la chica encuentra un 37. ☐
4. Maela conoce a Sasia en la calle del Mar. ☐
5. Sasia trabaja en el ayuntamiento de Carboneiras. ☐
6. A los dos les interesan los números. ☐
7. Sasia dice que no puede ayudar a Maela. ☐

## Capítulo 4: Figuras entrelazadas

"En el Desdén a las diez y media. ¿Y por qué no a las 10:37? Ay, chica, déjalo ya, te vas a volver completamente loca. Dijo en el Desdén a las 10:30, nadie queda a las 10:37. Qué obsesión con el numerito ése, de verdad".
–Hola, Miguel, ¿qué tal?
–Hombre, Maela, qué contenta te veo. Espera, mírame, sí, te *brillan* los ojos, y mucho. Me parece que se te ha metido un hombre dentro.
–Qué cosas dices, Miguel.

–Es que Miguel sabe mucho de hombres.
–Eso sí. Oye, hablando de hombres, ¿qué se sabe del *secuestro* del hijo del *alcalde*?
–No me hables de eso, anda, que todo el mundo habla de lo mismo, todo el mundo busca *pistas*, todo el mundo pregunta cosas.
–A propósito, ¿qué tal con tu novio nuevo?
–Si te digo la verdad, hace varios días que no lo veo. ¡A ver si lo han *secuestrado* también a él!
–No digas esas cosas, Miguel, que da *mala suerte*.
–¿Eres *supersticiosa*?
–Pues *últimamente* un poco, sí, la verdad. Dime, ¿cuántos años tiene?
–Ya te lo he contado, los mismos que tú.
–O sea, 36. Anda, llámalo, a ver si está todo bien.
Miguel saca el móvil y selecciona el número de su novio. Maela se *fija en* el número.
–Mira –comenta la chica–, hay un 37 dentro del número de teléfono de tu novio.
–Deja, Maela, que ya me estás poniendo nervioso –el quiosquero espera un momento–. Qué raro, no contesta.
–¿Cuántos días hace que no ves a Javier, Miguel?
–Tres o cuatro, desde el fin de semana.
–Pues vete a buscarlo ahora mismo.
Miguel cierra rápidamente el quiosco y, antes de irse, mira a Maela muy *preocupado*.
–Corre, y llámame cuando sepas algo.
Maela ve, *preocupada* y pensativa, cómo Miguel se aleja corriendo. Luego, entra en casa: es la hora de cenar.
Es completamente de noche cuando sale de casa. Las luces de los *faros* de los coches *recorren* la calle buscando *pistas* de la *desaparición* del hijo del *alcalde*. El aire parece vibrar de misterio.

*Übung 10: Lesen Sie weiter und tragen Sie die richtige Präposition ein!*

Las miradas (1.) _______ los vecinos interrogan y cualquier papel es un *indicio* que puede llevar al sitio (2.) _______ el que se encuentra Jorge Álvarez Mendía. Maela no se *preocupa* (3.) _______ nada de eso. Por primera vez (4.) _______ el domingo, sus pensamientos están centrados (5.) _______ unas manos que hacen y deshacen figuras (6.) _______ un *cordel*.

El bar está llenísimo, como siempre a esas horas. Tiene probablemente las mejores tapas de Carboneiras y *sin duda* la mejor música. Hay mucha gente dentro y mucha gente en la *acera*. Sasia aún no ha llegado. Aún no es la hora.

–Hombre, Maela, *últimamente* te encuentro por todas partes.

–Vaya, Julián, puedo decir lo mismo. Oye, ¿tú sabes algo del hijo del *alcalde*?

–¿Por qué me lo preguntas? Ya me *molestaste* bastante el otro día con ese tema, ¿no te parece? Anda, déjame tranquilo.

–¿Otra vez te pones nervioso si te hablo de Jorge Álvarez…? No sé cómo es su segundo apellido. Oye, Julián, ¿cuál es su segundo apellido?

–¡Y yo qué sé!

–Claro que lo sabes, algo con M.

–Sí, *listilla*, que eres una *listilla*, M de Maela.

–O de mermelada, o de marquesa, o de melón.

–¡Eh! No me insultes, que yo no te he hecho nada malo.

–¿He dicho yo que eres un *melón*?

–¡Ya está bien de *molestarme*!, ¿vale?
–Vale, vale. Eh, ahí está.
–¿Lo conoces?
–Sí, ¿y tú?
–Bastante bien. Hola, Sasia.
–Hola, Julián, qué tal te va.
–Bien, ¿y a ti? No he visto a tu novia por aquí.
–Venga, Julián, si sabes que *rompimos* hace tres meses.
–Ah, se me había olvidado –dice Julián mirando a Maela–. ¿Y ésta es la primera vez que sales?
–Sí, he venido a tomar algo con esta chica. Pero ya veo que os conocéis.
–Sí, hace mucho.
–No mientas, Julián, no nos conocemos hace tanto.
–Eh, qué pasa, parece que hay cierta tensión entre vosotros.
–Bueno, me voy que me están esperando. Ala, hasta luego, Maela.
–Adiós, Julián. No, espera, oye, dime, ¿cuántos años tienes?
–39, ¿por qué?
–No, por nada.
–Adiós, Sasia, y mucho cuidado con esta chica.

*Übung 11: Bilden Sie sinnvolle Sätze, indem Sie die Wörter in die richtige Reihenfolge bringen!*

1. te hecho no nada he malo

______________________________

2. ¿va te tal qué?

______________________________

3. he aquí no tu por visto novia a

______________________________________________

4. hace tres rompimos meses

______________________________________________

5. hace no nos tanto conocemos

______________________________________________

6. ¿años tienes cuántos?

______________________________________________

Julián se va por fin. Maela lo sigue con la mirada y ve que se *encuentra con* un hombre alto que le recuerda a alguien. Tiene los *hombros* anchos y lleva una *gabardina* gris. No le ve la cara, *está de espaldas a* ella. Los mira un momento, pero el otro hombre no se *da la vuelta*. Ella piensa de pronto en dos palabras, "ojos marrones". Pero entonces Sasia se dirige a Maela y la saca de sus pensamientos.

–¿Qué ha querido decir Julián? ¿Qué pasa entre vosotros?

–Nada, es que me pone nerviosa, siempre está *intentando ligar* conmigo y a mí él no me gusta, con esa nariz y esas gafas tan feas. No lo *aguanto*.

–Bueno, ¿tomamos algo?

–Si queremos hablar, tenemos que ir a otro sitio porque aquí hay mucha gente y mucho *ruido*.

–Qué tranquilo está el mar –dice ella por fin, después de un buen rato de silencio. Se han sentado en un banco del paseo marítimo. Maela piensa que en cualquier momento él va a sacar su *cordel* del bolsillo.

–Sí, se nota que se *acerca* el verano.
–Hoy no hay luna.
–Va a salir más tarde.
–Cuéntame, ¿qué has *descubierto* en el *ayuntamiento*?
–Bueno, no mucho. Ese número existía y, *en efecto*, en el año 37 le cayó una bomba. Luego, el vecino de la casa de al lado lo compró, quitó la puerta de entrada y puso un muro. Las normas no permiten poner números nuevos a las casas, *así que* el número 37 simplemente *desapareció*. Encontré una nota muy curiosa añadida a mano en la que se cuenta que entre las ruinas de la casa destruida encontraron los cuerpos de dos personas, dos jóvenes, un chico y una chica, que estaban en la casa en el momento de la explosión. No dice cómo se llamaban ni qué hacían allí, pero sí dice que estaban *desnudos* y que por eso *suponen que* eran amantes. Quizás se habían *escondido* en la casa cuando empezó el bombardeo.
–Qué curioso.
–Sí. Luego, estuve mirando los planos de las casas. En el solar de la casa destruida pusieron un jardín, y el *sótano* debe de estar aún debajo.
–¿El *sótano*? ¿Y es muy grande?
–Pues sí, bastante grande. Es raro, porque las casas de antes de la guerra no solían tener *sótano*. Probablemente ahí había antes otra casa, quizás una casa árabe, porque está muy cerca del centro original del pueblo, y ya sabes que aquí hay muchos restos arqueológicos de distintas culturas, entre ellas la árabe. Por ejemplo, el castillo es de origen árabe y están los restos de la *rábida califal*...
–No me des una lección de historia tú ahora, ¿vale?
–No, pero es que es muy interesante. Fíjate, el nombre árabe de Carboneiras era Almodóvar y en el año 944 *fundaron* aquí una *rábida*. ¿Sabes qué es una *rábida*? Pues te lo explico...
–Bueno, pero explícamelo en otro sitio. Anda, vamos.

–Mira, se hace así. Cuando te *atan* las manos con una *cuerda*, es muy fácil deshacer el *nudo*. Primero tienes que asegurarte de que no pueden *atar* bien la *cuerda*, para eso doblas la *muñeca* todo lo que puedas. Así el *nudo* queda *flojo*.

Sasia le acaricia las *muñecas* a Maela. Ella ríe, divertida y pensativa al mismo tiempo. Está *decidiendo* lo que va a hacer esa noche, lo que va a seguir haciendo a partir de ese momento en relación con Sasia, en relación con el pueblo, en relación con ella misma.

–Sasia, déjalo ya, anda, siéntate aquí y enséñame otra vez lo del *cordel*.

La brisa nocturna entra por la ventana abierta del salón del piso de Sasia y trae el olor salino de la playa y el rumor de las palmeras del *palmeral*. En la mesa, junto al sofá en el que están sentados, los vasos de vino vacíos parecen esperar, *impacientes*, el nuevo contacto de los *labios*.

–Mira, ahora te voy a *atar* yo a ti.

Maela le *ata* las manos y Sasia *intenta desatarse*, pero no lo *consigue*, o no quiere hacerlo, y se queda *atado* durante un buen rato mirándola divertido.

–Y ahora, urbanista medio ruso, vuelve a explicarme la teoría del caos.

–Maela, no, por favor, qué mala eres –pero la sonrisa de Sasia parece contradecir las palabras que acaba de pronunciar.

ÜBUNG 12 !

*Übung 12: Sind die Aussagen korrekt? Markieren Sie mit richtig ✔ oder falsch – !*

1. Maela y Sasia han quedado en un bar llamado Desdén. ☐
2. Miguel y Javier hablaron por teléfono sobre el secuestro. ☐
3. En el bar, Maela ve de lejos a Julián. ☐

4. Sasia y Julián se conocen. ☐
5. Julián destruyó la casa número 37 de la calle del Mar. ☐
6. En las ruinas de la casa encontraron dos muertos. ☐
7. Maela le enseña a Sasia cómo desatar nudos. ☐

## Capítulo 5: La secta

De nuevo es domingo, y esta vez Maela lo sabe perfectamente. Su mente vuelve a estar centrada y *tiene los pies en el suelo*. Ha vuelto a ver a Sasia cada día desde el miércoles. El sábado fueron a Almería, la capital de la provincia, a ver una película, a cenar y a una discoteca. El domingo no van a poder pasar juntos todo el día porque Sasia tiene que volver a Almería. Va a buscar unos documentos muy importantes para una *reunión* del *ayuntamiento* que se va a celebrar el lunes, pero estará de vuelta antes de comer. *Así que* han quedado para tomar algo a eso de la una. A ella le gustaría estar más tiempo con él, y empieza a *darse cuenta de* lo que significa vivir en casa de sus padres, porque no puede invitar a Sasia a desayunar o a cenar.

"A investigar", piensa cuando sale de casa por la mañana después del desayuno. "Lo primero, comprar el periódico", pero Miguel no está. En la ventana del quiosco hay un cartel que dice "Cerrado temporalmente". Maela tiene un oscuro *presentimiento*: Javier no ha *aparecido* y Miguel sigue buscándolo. Ahora no puede comprarse el periódico, *así que* camina solitaria hacia el bar Lola la ola. En el cielo, ni una nube. Va a ser un día con mucho sol. Cuando llega, ve que el bar está cerrado. También hay un cartel en la puerta. "Cerrado hasta nuevo aviso", qué raro. "No tengo periódico, no tengo café. A ver qué hago yo ahora". Sigue paseando hasta el parque de las dunas. Sube y baja entre los *pinos* y las palmeras. Sale del parque y sube por la calle del ingeniero Milla. En la esquina encuentra por fin un restaurante abierto. Es el mismo del domingo anterior.

–Hola, ojos marrones –es el mismo camarero del piropo.

–Hola, ¿está abierto?

–Para ti, siempre está abierto. ¿Qué quieres?

–Un café bien cargado.

–Al instante. ¿Algo más?

–¿Tenéis el periódico de hoy?

–Espera, voy a ver.

El camarero regresa enseguida con el periódico.

–Aquí tienes.

–Muchas gracias.

La *portada* del 'Levante' no dedica tanto espacio a la *desaparición* del hijo del *alcalde*. Parece ser más importante la *reunión* del *ayuntamiento* del lunes. En ella se va a *decidir* si se *recalifican* unos terrenos que hasta ahora eran parte del *Parque Natural* y parte de las salinas, para poder construir allí edificios de viviendas. "¡Ah!", piensa Maela, "para eso eran los papeles que Sasia ha ido a buscar a Almería". Los grupos ecologistas están protestando mucho, justamente este domingo hay una *manifestación* de protesta. A Maela le interesa más el artículo sobre Jorge Álvarez Mendía. Dice que ha habido más *desapariciones* en la zona en los últimos días. Entonces, saca el plano del pueblo. Une los puntos de varias maneras distintas, pero no *consigue* hacer ninguna figura. "Aquí necesito la mirada de un niño", piensa Maela. Guarda el cuaderno y el plano en el bolso y se levanta.

–Bueno, me voy. ¿Me cobras?

–A ti, nunca, ojos marrones.

–Ah, pues muchas gracias.

–Es que en realidad aún no hemos abierto.

–Oye, ¿tú sabes algo de la *desaparición* del hijo del *alcalde*?
–Desde que han publicado lo de la *recompensa*, este pueblo se ha vuelto un poco loco, ¿verdad?
–Ya, pero ¿sabes algo?
–¿Cuántos años tienes?
–¿Por qué me haces esa pregunta?
–Por curiosidad.
–Treinta y… –Maela *duda* un momento– y… y… tres.
–¿Por qué mientes, Maela?
–¿Cómo sabes mi nombre?
–Me lo ha dicho un amigo.
–¿Qué amigo?
–Ayer te vi en el Desdén, ¿vas mucho por ahí?
–¿Por qué te haces el misterioso? Quizás eres tú el *secuestrador*.
–Claro, y ahora voy a *secuestrarte* también a ti.
–Bueno, mira, ya no me gustas, tanto misterio me está cansando, y yo quiero hombres transparentes.
–Pero, ¿vendrás otro día a tomarte otro café?
–No sé, lo pensaré. Ala, hasta luego.

*Übung 13: Verbinden Sie die folgenden Fragen mit der entsprechenden Situation!*



| | |
|---|---|
| 1. ☐ ¿Me cobras? | a) En un restaurante. |
| 2. ☐ ¿Qué le pongo? | b) En un bar. |
| 3. ☐ ¿Y de postre? | c) En una carnicería. |
| 4. ☐ ¿Le va bien a las cinco? | d) En una tienda de ropa. |
| 5. ☐ ¿Qué talla? | e) Por teléfono. |
| 6. ☐ ¿Adónde va? | f) En la consulta del médico. |
| 7. ☐ ¿De parte de quién? | g) En un taxi. |

"Me he *pasado*, él sólo quería ser amable conmigo. Bueno, vamos a ver, qué tengo. Una persona *desaparecida*, que es el hijo del *alcalde*. Un plano con un montón de treinta y sietes marcados. *Sospechosos*: todos, empezando por Julián, que no quiere hablar del asunto, el camarero de antes, que es tan raro y no ha querido contestar a mis preguntas, y Sasia, que prefiere ir solo a Almería. ¿Alguno más? No sé. Mañana van a discutir en el *ayuntamiento* si *recalifican* unos terrenos para luego construir. Quizás han *secuestrado* a Jorge para presionar al *alcalde*, y mañana, después de la *votación*, lo sueltan. En ese caso, la historia del 37 no tiene sentido, que es lo más probable. Pero el novio de Miguel también ha *desaparecido* y él también tiene 36 años. Y además está lo del grupo esotérico con un nombre raro que invita a una fiesta en una casa que no existe. A ver, ¿de dónde ha salido ese grupo?, ¿y por qué ha elegido para sus reuniones esa casa? Un momento, el camarero. ¡Claro! Era el que hablaba con Julián en el Desdén el otro día, su figura me parecía conocida, su misma *espalda*. Por eso pensé en lo de los ojos marrones. El camarero y Julián se conocen. Por eso sabía mi nombre. Tengo que volver y preguntarle".

–Oye, perdona, estoy buscando al otro camarero.

–¿Al otro? ¿A cuál? Aquí sólo estoy yo.

–No, al otro, uno que es más alto que tú, moreno. Antes me ha servido un café.

–¿Un café? Imposible, aún no hemos abierto el bar. No sé de qué hablas.

–Oye, perdona otra pregunta, ¿conoces este grupo esotérico?

–Eh... eh... –el camarero se pone *pálido* al ver la hoja que le enseña Maela– eh... no, no lo conozco, no lo he visto nunca, y perdona, a mí no me gustan esos grupos, *así que* déjame tranquilo, ¿vale?, que tengo que trabajar.

"Esto se complica. Bien, volvamos al plano. Uf, qué calor hace, y *encima* he dejado en casa las gafas de sol. A ver, tenemos ya 1, 2, 3… 34, 35 y 36 treinta y sietes. Falta uno. A ver si lo encuentro. No debería estar lejos. Pero con este sol no sé si voy a poder, necesito mis gafas de sol. Bien, en esta calle no está. Vamos a otra. Me voy a pasar el día buscando el número que falta. Pero, ¡espera un momento, Maelita! Ahora lo entiendo todo, el número, el *sótano*, la casa, claro, ya se me forma la figura, ya está, el último treinta y siete no existe, porque es un treinta y siete oculto: el de la calle del Mar. Claro, la calle del Mar. Creo que alguien me sigue. Qué tontería. Es este sol que no me deja pensar…".

"Todo negro. Un golpe en la cabeza y todo absolutamente negro. Una *venda* en los ojos y las manos *atadas*. No toco el suelo, me transportan, estoy volando. No puedo gritar, tengo una *venda* en la boca. Oigo *pasos*, pero no oigo voces. Huelo, no sé qué olor es éste, como de madera quemada, humedad, tierra. Ahora me sientan en una silla. Me quitan la *venda* de los ojos, ahora ya puedo ver. ¿Dónde estoy? Sí, en un *sótano*. ¡El de la casa 37! Tranquila, Maela, no te pongas nerviosa. Piensa rápido. Esa gente, ¿quiénes son? Todos sentados con las manos *atadas* y *vendas* en la boca. Son sólo hombres, soy la única mujer. Eh, ahí está Javier, el novio de Miguel. Entonces era verdad, lo de los treinta y sietes. A ver, cuánta gente hay: conmigo somos 36, falta uno. Ahí viene alguien, debe de ser el jefe, con esa *capucha* y esa *careta* no puedo saber quién es. A ver, Maela, querida, te han *secuestrado* y estás *atada* a una silla en un *sótano* oscuro y húmedo. ¿Qué puedes hacer? Un momento, el de la *capucha* va a hablar. Qué alto es. Me recuerda a alguien. Y el ayudante también. Espera, el ayudante lleva gafas debajo de la *capucha*. ¡Es Julián! Y ese otro de ahí detrás, ¡pero si es Ramírez! Y el jefe, ¿quién puede ser?"

–Hermanos de la secta del treinta y siete. Por fin se ha cerrado el círculo, por fin somos de nuevo 37. Hoy es el día de la *justicia cós-*

*mica*, hoy por fin se va a *restablecer* el orden en el mundo. Hace setenta y tres años, en esta misma casa, bien lo sabéis, en este mismo *sótano,* el año 37, murieron Rodrigo y Encarna, *desnudos*, amándose. Y nosotros, hoy, en este día en que todos los treinta y sietes se unen, los vamos a *vengar*. ¡Traed al último treinta y siete!

"Ahora *aparece* el hijo del *alcalde*, seguro. Ahí está, lo sabía. Esto es una secta *en toda regla*. Tengo que salir de aquí lo antes posible y pedir ayuda. A ver estos *nudos*, uy, qué fácil, exactamente lo que me explicó Sasia. Qué buen maestro. Bien, se van, han dejado al hijo del *alcalde* en mitad del círculo y se han ido todos. Han cerrado la puerta con llave. ¡Es el momento!"

Entonces, Maela salta de su silla y se *acerca* al hijo del *alcalde*, lo *desata* y, luego, entre los dos, *desatan* a los demás. Maela empieza con el novio de su amigo.

–Hola, Javier. Tranquilo, todo va a salir bien. Ayúdame a *desatar* al resto.

Todo el mundo está muy nervioso, no saben qué hacer, el *sótano* sólo tiene una puerta y no hay ninguna ventana.

–Esperad. Aquí no hay ventanas, sólo podemos escapar por la puerta, y está cerrada por fuera. Tenemos que esperar a los de la secta y atacarlos cuando entren.

Todos vuelven a sentarse en sus sillas como antes. Maela se queda *escondida* cerca de la puerta con un *palo* largo para bloquearla e *impedir* que vuelvan a cerrarla. Y ahí están. Entran los de la secta. Entonces, Maela, *en vez de* bloquear la puerta, le da con el *palo* en la cabeza al jefe, que *cae* al suelo. La chica le quita la *careta* y *descubre*... ¡al camarero!

"Qué susto, por un momento he llegado a pensar que era Sasia, no sé por qué, ahora puedo estar tranquila", piensa Maela mientras se forma un enorme caos de golpes y gritos.

"La teoría del caos, claro, eso era", piensa Maela, "pero los de la

secta son más y más fuertes".
–A ver si llegan *refuerzos* –le dice Maela a Javier y, efectivamente, en ese momento entra la policía *acompañada* por Sasia, que los guía, plano en mano, a través del *sótano* de la casa.

*Übung 14: Setzen Sie die richtige Form von* ***estar*** *in die Lücken ein!*

ÜBUNG 14 !

1. Mientras desata al hijo del alcalde, Maela ______________ muy nerviosa.
2. El hijo del alcalde ______________ secuestrado durante un largo tiempo, pero ahora ______________ libre.
3. Cuando desató al hijo del alcalde, Maela ______________ muy nerviosa.
4. Cuando los secuestradores le quitan la venda de los ojos, Maela piensa: "¿Dónde ______________?"
5. Después de la acción, Sasia le pregunta a Maela:

   –Y en el *sótano*, ¿qué ______________ pensando?

–¿Y cómo supiste que estaba en esa casa?
–Bueno, por tus *pistas*. Estuve esperándote casi una hora en el Desdén. Mientras, me puse a leer en el periódico los artículos sobre la *desaparición* del hijo del *alcalde*. Comentaban que en la última semana han *desaparecido* otras 35 personas más, todos hombres. Como no llegabas, me puse *cada vez más* nervioso. Entonces pensé: han *secuestrado* a 36 personas que van a cumplir 37 años,

como el hijo del *alcalde*, y los han llevado al *sótano* de la casa 37. Sólo falta una persona, una chica, tú. Y el *sótano* es el único sitio seguro, puesto que oficialmente ese *sótano* no existe, pero tú lo *descubriste*. Me costó bastante *convencer* al comisario de policía de *enviar* suficientes hombres, me miraba y debía de pensar: "este hombre está loco".

–Es lo que pensaba todo el mundo de mí. Lo que no entiendo es para qué querían a tanta gente y para qué querían al hijo del *alcalde*.

–Bueno, en realidad sólo querían celebrar un ritual. En el bombardeo de la casa murieron dos jóvenes, ¿recuerdas? Pues querían preparar un ritual con una *pareja* en el centro del círculo de 37 personas con esa edad y distribuyeron invitaciones como la que tú recibiste. Lo que pasa es que nadie *acudió*, y *decidieron secuestrarlos*. Lo del hijo del *alcalde* fue una casualidad.

–¡Ah! Y yo era la chica.

–Eso es.

–¡Qué idea tan loca! ¿Y cómo supieron que nosotros íbamos a cumplir esa edad?

–Uno de los de la secta trabaja en la *oficina del censo* de Almería. Bueno, en realidad, todos, menos el camarero y Julián, son *empleados* de distintos *ayuntamientos* de la zona o trabajan en *bufetes de abogados*.

–Como Ramírez.

–Exacto.

–¿Y todo esto sólo para ver a una *pareja* en un *sótano* húmedo, frío, sucio y viejo?

–Bueno, el lugar estaba lleno de luces y de cámaras de video, *así que* seguramente iban a hacer una *grabación*, venderla luego y ganar dinero.

–Pero al final *apareciste* tú, en el momento preciso.

–Bueno, pero vosotros ya estabais libres cuando llegamos. Y gracias a ti.
–En realidad, gracias a lo que me enseñaste con los *nudos*, ¿recuerdas?
–Qué lista eres.
–Oye, ¿qué te parece si nos vamos tú y yo ahora a completar el ritual ese de los treinta y sietes pero en un lugar más cómodo, más íntimo y sin cámaras de video?
–¿Qué quieres decir, Maela?

*Übung 15: Sind die Aussagen korrekt? Markieren Sie mit richtig* ✔ *oder falsch – !*



1. Miguel le dice a Maela que no sabe dónde está su novio. ☐
2. Maela encuentra el bar Lola la ola cerrado. ☐
3. El hijo del alcalde no es el único que ha desaparecido. ☐
4. El camarero del restaurante conoce a Maela. ☐
5. Secuestran a Maela y la llevan al sótano de la casa 37. ☐
6. En el sótano se va a celebrar un ritual. ☐
7. Sasia encuentra a Maela gracias al plano del pueblo. ☐
8. Sasia ayuda a Maela a desatarse. ☐

## Abschlusstest

*Übung 1: Können Sie die folgenden Fragen zum Kurzkrimi 'Desaparición en el Camino de Santiago' beantworten? Formulieren Sie ganze Sätze!*

1. ¿Dónde está la Ermita das Ánimas?

_______________________________________________

2. ¿Quién hizo llegar informaciones falsas sobre Raimundo?

_______________________________________________

3. ¿Quién se queda encerrada en la cripta?

_______________________________________________

4. ¿Qué hay en la Isla de la Toja?

_______________________________________________

5. ¿Quién es Maruxa?

_______________________________________________

6. ¿Cuál es el plato más típico de Galicia?

_______________________________________________

*Übung 2: Bestimmter oder unbestimmter Artikel? Ergänzen Sie die folgenden Sätze!*

1. Manuel Louzán es ______ de los hombres más ricos de la provincia.

2. Maruxa es ______ mujer de Raimundo.

3. ______ habitantes de Cordeiro son muy supersticiosos.

4. Creen en ______ leyenda de la Santa Compaña.

5. El pulpo a la gallega es ______ plato preferido de Elsa.

6. A Virginia no le gusta ______ clima de Galicia.

*Übung 3: Setzen Sie in den folgenden Aussagen die korrekten Präsensformen von **ser, estar** oder **hay** ein!*

1. En el pueblo de Maela ________ una calle que se llama calle del Mar.
2. Carboneiras ____________ un pequeño pueblo junto a la costa de Almería.
3. Al final de la historia, Sasia ____________ contento porque ha salvado a Maela.
4. Sabina ___________ azafata pero viaja como pasajera.
5. La jefa de azafatas ___________ muy enfadada con Sabina.
6. Estrella __________ una niña muy valiente que ayuda a Sabina.

*Übung 4: Setzen Sie die Verben in der 3. Person des Indefinido ein!*

| | | | |
|---|---|---|---|
| 1. ser | ________________ | 2. estar | ________________ |
| 3. hacer | ________________ | 4. querer | ________________ |
| 5. saber | ________________ | 6. poder | ________________ |

*Übung 5: Sabina beschreibt sich selbst: Füllen Sie die Lücken mit der passenden Verbform in der 1. Person Singular!*

¡Ah!, y nunca (1. hacer) ________ fotografías: una foto es como un pedazo de vida que está muerto, y a mí me (2. gustar) ________ la vida. (3. reír) ________ mucho, (4. mirar) ________ directamente a la gente, (5. preguntar) ________ cosas inapropiadas en momentos poco oportunos pero nunca (6. recibir) __________ una respuesta desagradable. (7. saber) ________ que no molesto con mis preguntas, porque sé que transmito alegría. Así que normalmente no (8. escribir) ________, pero la policía me pide que cuente la historia, y ahora que (9. tener) ________ que hacerlo, no sé muy bien cómo.

*Übung 6: Wie lautet die Imperativform in der 2. Person Singular und das Gerundium der folgenden Verben?*

1. coger: *coge* – *cogiendo*
2. salir: ______________ – ______________
3. ir: ______________ – ______________
4. volver: ______________ – ______________
5. pensar: ______________ – ______________
6. hacer: ______________ – ______________

*Übung 7: Ergänzen Sie die fehlenden Wörter und bringen Sie den Dialog Maelas mit dem Kioskbesitzer in die richtige Reihenfolge!*

☐ a) –Aquí tienes.

☐ b) –Son cinco ____________ cuarenta.

☐ c) –Hola Maela, ¿ ____________ tal?

☐ d) –Gracias, hasta ____________.

☐ e) –Para eso estamos aquí. ¿ ____________ te apetece?

☐ f) –____________ luego, Maela.

☐ g) –Muy ____________, gracias. Necesito algo para leer.

☐ h) –Me llevo 'El País' y esta ____________ de esoterismo.

☐ i) –La vuelta.

*Übung 8: Können Sie die folgenden Fragen zum Kurzkrimi 'Crimen en el Teatro Romano de Mérida' beantworten? Formulieren Sie ganze Sätze!*

1. ¿De qué región es Mérida la capital?

______________________________________________

2. ¿En qué obra actuaba Felisenda?

______________________________________________

3. ¿Qué personaje histórico nació en Trujillo?

______________________________________________

4. ¿Qué es el Teatríptico?

________________________________________

5. ¿Quién es Gloria López?

________________________________________

6. ¿Quién mató a Felisenda Gimeno?

________________________________________

*Übung 9: Setzen Sie die Verben in Klammern ins Imperfecto oder Indefinido!*

Felisenda Gimeno (1. ser) __________ una joven actriz, hija de Antonio e Inés. Su novio (2. llamarse) __________ Ramón. Sin embargo, Felisenda (3. mantener) __________ una relación con su tío Enrique. Un día, Felisenda (4. decidir) __________ terminar con esta relación, porque (5. querer) ____________ casarse con Ramón, pero Enrique no lo (6. aceptar) __________. En la noche del estreno, Enrique (7. ordenar) __________ a José Manuel, un chico con problemas mentales, que le diera una bebida a Felisenda. Esa bebida (8. tener) __________ un veneno.

## Lösungen

### Desaparición en el Camino de Santiago

**Übung 1:** 1. los mejores 2. los finales 3. las ideas 4. los atardeceres 5. los kilómetros 6. los humores 7. las jóvenes 8. las paces 9. los tiempos 10. los días
**Übung 2:** 1. está 2. está 3. hay 4. haber 5. es, Son 6. está
**Übung 3:** 1. que 2. casi 3. de 4. con 5. en 6. de 7. por
**Übung 4:** 1. Los jinetes no persiguieron a los estudiantes. 2. La ermita está en una finca privada. 3. Virginia no estaba de acuerdo. 4. Clara se quedó encerrada en la cripta.
**Übung 5:** 1. pinturas 2. finca 3. amiga 4. puerta 5. jinetes 6. antorchas 7. anciana
**Übung 6:** 1. sorprendido 2. construido 3. llamado 4. terminado 5. contemplado 6. decepcionado
**Übung 7:** 1. quién 2. dónde 3. cómo 4. qué
**Übung 8:** 1. Después de 2. al 3. desde 4. entre 5. por 6. para
**Übung 9:** 1. preguntando 2. explicando 3. insistiendo 4. teniendo 5. sabiendo 6. yendo
**Übung 10:** 1. precisamente 2. inocentemente 3. finalmente 4. urgentemente 5. normalmente 6. completamente
**Übung 11:** 1. encontraron 2. sabía 3. gusta 4. hizo 5. Tuviste
**Übung 12:** 1. hogar 2. no 3. hacia 4. encapuchado 5. mujer 6. mayor
**Übung 13:** 1. entiendo 2. sonríe 3. atraer 4. siguen 5. sirve 6. entren 7. vuelve 8. dices 9. sabes 10. muere 11. ríe 12. tiene
**Übung 14:** 1. festbinden ≠ soltar 2. schuldig ≠ inocente 3. gesund ≠ enfermo 4. finden ≠ perder 5. feige ≠ valiente 6. sich nähern ≠ alejarse 7. leider ≠ por suerte

### Verano porteño

**Übung 1:** 1. que 2. cómo 3. muy 4. con 5. No 6. tampoco 7. más 8. los
**Übung 2:** 1. fui/fue 2. fui/fue 3. vine/vino 4. estuve/estuvo 5. llegué/llegó 6. hube/hubo 7. conocí/conoció 8. enseñé/enseñó

**Übung 3:** 1. richtig 2. falsch 3. falsch 4. richtig 5. falsch 6. richtig 7. richtig
**Übung 4:** 1. llegar al aeropuerto 2. facturar 3. pasar el control de la policía 4. embarcar 5. despegar 6. volar 7. aterrizar 8. desembarcar 9. recoger el equipaje 10. salir del aeropuerto
**Übung 5:** Sabina va al mostrador y se pone a la cola. Delante de ella hay un hombre. Calcula unos veinte minutos de espera. Comprueba el número de su vuelo. Entonces lo nota: ¡ese olor! No sabe de dónde viene. Le recuerda automáticamente a M1.
**Übung 6:** 1. richtig 2. richtig 3. falsch 4. richtig 5. falsch 6. falsch
**Übung 7:** 1. enfadado 2. secuestrado 3. escondido 4. despegado 5. decepcionado 6. hecho
**Übung 8:** 1. no des 2. tengo 3. dime 4. me voy 5. mira 6. pienso
**Übung 9:** 1. d 2. e 3. a 4. b 5. f 6. c 7. h 8. g
**Übung 10:** 1. se 2. lo 3. me 4. te 5. La 6. mi
**Übung 11:** 1. está 2. está 3. están 4. es 5. es 6. es
**Übung 12:** 1. Tenéis 2. me dejas 3. es 4. están 5. podemos comunicarnos 6. digo 7. podemos hablar
**Übung 13:** 1. aviones 2. explicación 3. relaciones 4. razón 5. direcciones 6. bandoneón
**Übung 14:** 1. richtig 2. falsch 3. falsch 4. falsch 5. falsch 6. richtig 7. richtig

**Crimen en el Teatro Romano de Mérida**
**Übung 1:** La, el, la, la, su, la, su, el
**Übung 2:** 1. representación 2. nervioso 3. sangre 4. capital 5. error 6. columna Lösung: teatro
**Übung 3:** 1. prisiones 2. actitudes 3. reyes 4. profesores 5. veces 6. actrices 7. actores 8. representaciones 9. atenciones 10. ancianas 11. oposiciones 12. ciudades
**Übung 4:** 1. llega 2. pálido 3. lleven 4. pasado 5. grita 6. dice 7. desmaya 8. para
**Übung 5:** 1. es 2. fue 3. hay 4. Era 5. era/fue 6. era/fue
**Übung 6:** 1. en 2. A 3. para 4. desde 5. sobre 6. por
**Übung 7:** 1. f 2. h 3. i 4. j 5. g 6. a 7. d 8. b 9. c 10. e

**Übung 8:** 1. digo 2. dice 3. es 4. contesta 5. Puedo 6. responde 7. sonríe 8. tengo 9. creo 10. Estoy 11. sé 12. veo
**Übung 9:** 1. Creo que debemos ir al lugar de los hechos. 2. Los detectives se dieron cuenta de estos detalles. 3. Vamos al bar a tomarnos un café con leche. 4. Los testigos avisaron a la policía.
**Übung 10:** 1. era 2. estuvimos 3. era 4. tiene 5. estamos 6. espero 7. podemos 8. se encontraba 9. estuvo 10. dice 11. dicen 12. quería 13. hacía 14. vió
**Übung 11:** 1. por 2. por 3. para 4. por 5. a 6. de, con
**Übung 12:** 1. fue 2. pusieron 3. querría 4. estaban
**Übung 13:** 1. Él fue profesor de griego en el instituto en el que estudié. 2. Márquez dudó un momento, pero luego tomó una decisión. 3. Cuando Márquez llegó al hospital, se encontró con la doctora. 4. Loles Ramos peinó y maquilló a Felisenda. 5. La doctora dijo que José Manuel tuvo una infancia difícil.
**Übung 14:** 1. creo 2. necesito 3. deben/deberíais 4. van/han ido 5. quiere 6. se escapó

**37 treinta y sietes**
**Übung 1:** 1. Es 2. Tiene 3. Tiene 4. es 5. Tiene 6. Es 7. Es
**Übung 2:** 1. Hemos estado fatal. 2. He hecho una tontería. 3. Se han ido juntos. 4. ¿Qué ha dicho usted? 5. Sí, ya he visto.
**Übung 3:** 1. richtig 2. falsch 3. richtig 4. falsch 5. falsch 6. richtig
**Übung 4:** 1. el 2. los 3. la 4. el 5. el
**Übung 5:** 1. coge 2. sal 3. fíjate 4. levántate 5. date cuenta 6. vístete 7. escúchame 8. vuelve
**Übung 6:** 1. al 2. de 3. de 4. En 5. sobre/en 6. a 7. de 8. A 9. para 10. a
**Übung 7:** 1. decidiendo 2. escribiendo 3. buscando 4. paseando 5. pensando 6. duchándose 7. haciendo 8. vistiéndose 9. pidiendo 10. levantándose
**Übung 8:** 1. encuentro 2. salgo 3. pienso 4. conozco 5. duermo 6. cuento 7. hago 8. conduzco 9. digo 10. sé 11. me pongo 12. quepo
**Übung 9:** 1. falsch 2. richtig 3. falsch 4. falsch 5. richtig 6. richtig 7. falsch
**Übung 10:** 1. de 2. en 3. por 4. desde 5. en 6. con
**Übung 11:** 1. No te he hecho nada malo. 2. ¿Qué tal te va? 3. No he visto a

tu novia por aquí. 4. Rompimos hace tres meses. 5. No nos conocemos hace tanto. 6. ¿Cuántos años tienes?
**Übung 12:** 1. richtig 2. falsch 3. richtig 4. richtig 5. falsch 6. richtig 7. falsch
**Übung 13:** 1. b 2. c 3. a 4. f 5. d 6. g 7. e
**Übung 14:** 1. está 2. estuvo, está 3. estaba 4. estoy 5. estabas
**Übung 15:** 1. richtig 2. richtig 3. richtig 4. richtig 5. richtig 6. richtig 7. falsch 8. falsch

## Lösungen Abschlusstest

**Übung 1:** 1. La Ermita das Ánimas está en una finca privada. 2. Manuel Louzán hizo llegar informaciones falsas sobre Raimundo. 3. Clara se queda encerrada en la cripta. 4. En la Isla de la Toja hay un casino. 5. Maruxa es la esposa de Raimundo Vaqueira. 6. El plato más típico de Galicia es el pulpo a la gallega.
**Übung 2:** 1. uno 2. la 3. Los 4. la 5. el 6. el
**Übung 3:** 1. hay 2. es 3. está 4. es 5. está 6. es
**Übung 4:** 1. fue 2. estuvo 3. hizo 4. quiso 5. supo 6. pudo
**Übung 5:** 1. hago 2. gusta 3. Río 4. miro 5. pregunto 6. recibo 7. Sé 8. escribo 9. tengo
**Übung 6:** 1. coge – cogiendo 2. sal – saliendo 3. ve – yendo 4. vuelve – volviendo 5. piensa – pensando 6. haz – haciendo
**Übung 7:** 1. c) qué 2. g) bien 3. e) Qué 4. h) revista 5. b) con 6. a) 7. i) 8. d) luego 9. f) Hasta
**Übung 8:** 1. Mérida es la capital de Extremadura. 2. Felisenda actuaba en la obra 'Antígona' de Sófocles. 3. Francisco Pizarro nació en Trujillo. 4. El Teatríptico es el grupo de teatro en que trabajaba Felisenda. 5. Gloria López es la psiquiatra que cuida a José Manuel Blázquez. 6. José Manuel mató a Felisenda, pero sin saberlo y bajo las órdenes de Enrique.
**Übung 9:** 1. era 2. se llamaba 3. mantenía 4. decidió 5. quería 6. aceptó 7. ordenó 8. tenía

## Glossar

| | |
|---|---|
| *f* | feminin |
| *fam* | umgangssprachlich |
| *fig* | bildlich |
| *irr* | unregelmäßig (bei Verben) |
| *m* | maskulin |
| *pl* | Plural |
| *v* | Verb |

| | |
|---|---|
| **abandonar** *v* | verlassen |
| **abatido** | niedergeschlagen, bedrückt |
| **abrocharse** *v* **el cinturón de seguridad** | den Sicherheitsgurt anlegen |
| **abundante** | ausgiebig; reichhaltig, reich an etw. |
| **a. C. (ante Christo)** | v. Chr. |
| **acceder** *v* | gelangen |
| **acera** *f* | Bürgersteig |
| **acercarse** *v* **(a)** | sich nähern (an) |
| **acompañar** *v* | begleiten |
| **acompañar** *v* **en el sentimiento** | Mitgefühl zeigen |
| **acostarse** *v* | sich hinlegen, ins Bett gehen |
| **acostumbrarse** *v* **a** | sich gewöhnen an |
| **acudir** *v* **(a)** | hier: sich wenden an; sich einfinden |
| **adelantarse** *v* | vorauseilen |
| **además** | außerdem |
| **afeitar** *v* | rasieren |
| **agarrar** *v* | greifen, grob anfassen |

| | |
|---|---|
| **agitarse** *v* | sich hin und her bewegen, sich schütteln |
| **aguantar** *v* | aushalten |
| **albariño** *m* | Weißwein aus Galizien |
| **alcalde** *m* | Bürgermeister |
| **aldea** *f* | Dorf |
| **alejarse** *v* | sich entfernen |
| **almas** *f, pl* **en pena** | Seelen im Fegefeuer |
| **alojar** *v* | unterbringen |
| **al revés** | umgekehrt |
| **alta mar** *f* | hohe See, offenes Meer |
| **altavoz** *m*, **altavoces** *pl* | Lautsprecher |
| **amanecer** *v* | dämmern (bei Tagesanbruch) |
| **amenaza** *f* | Drohung |
| **ametralladora** *f* | Maschinengewehr |
| **anciano/a** *m, f* | alte(r) Frau/Mann, Greis(in) |
| **angustia** *f* | hier: tiefe Traurigkeit, Kummer; Angst |
| **antecedente** *m, f* | Vorfahr(in) |
| **antorcha** *f* | Fackel |
| **aparcamiento** *m* | Parkplatz |
| **aparcar** *v* | (ein)parken |
| **aparecer** *v irr* | erscheinen |
| **apetecer** *v irr* | mögen, Lust haben auf |
| **a pesar de** | trotz |
| **apuntar** *v* | zeigen auf; zielen auf; notieren |
| **asesinar** *v* | töten, ermorden |
| **asesino** *m* | Mörder |
| **asiento** *m* | Sitz |
| **así que** | so dass, also |
| **asistir** *v* | beiwohnen, anwesend sein |

| | |
|---|---|
| **asombrar** *v* | überraschen |
| **asombro** *m* | Erstaunen |
| **asustado** | erschrocken |
| **asustar(se)** *v* | (sich) erschrecken |
| **atado** | gefesselt, festgebunden |
| **atar** *v* | festbinden |
| **atasco** *m* | Stau |
| **atendido por** | betreut von |
| **aterrorizado** | (heftig) erschrocken, geschockt |
| **ayuntamiento** *m* | Rathaus |
| **azafata** *f* | Stewardess |
| **ballesta** *f* | Armbrust |
| **barbilla** *f* | Kinn |
| **barro** *m* | Schlamm |
| **bodega** *f* **(de carga)** | hier: Frachtraum |
| **bogavante** *m* | Hummer |
| **brillar** *v* | leuchten, scheinen |
| **brindis** *m* | Trinkspruch, Toast |
| **broma** *f* | Witz, Scherz |
| **bruja** *f* | Hexe |
| **bufete** *m* **(de abogados)** | Anwaltsbüro, Kanzlei |
| **bulto** *m* | Bündel |
| **burlón, burlona** | spöttisch, höhnisch |
| **cabaña** *f* | Hütte |
| **cada vez más** | immer mehr |
| **caer** *v irr* | fallen |
| **caer** *v irr* **bien** | sympathisch finden |
| **callado** | ruhig, still, verstummt |
| **callar(se)** *v* | schweigen, still sein, verstummen |
| **caluroso** | warm, heiß |

| | |
|---|---|
| **caminata** *f* | Fußmarsch, Wanderung |
| **camino** *m* **dehesa adentro** | Weg in Richtung Weide |
| **cana** *f* | weißes Haar |
| **caña** *f* | Glas Bier |
| **caña** *f* **(de pescar)** | Angelrute |
| **capucha** *f* | Kapuze |
| **careta** *f* | Maske |
| **cariño** *m* | Zärtlichkeit, Zuwendung |
| **cariñoso** | zärtlich |
| **cartel** *m* **publicitario** | Reklameschild |
| **casco** *m* **de obra** | Sturzhelm |
| **celda** *f* | Zelle |
| **¡che!** *fam* | He! (Ausruf, Argentinien) |
| **chimenea** *f* | Kamin |
| **ciclo** *m* **(vital)** | (Lebens-)Zyklus |
| **cinturón** *m* **(de seguridad)** | (Sicherheits-)Gurt |
| **ciudad** *f* **natal** | Geburtsstadt |
| **ciudadano/a** *m, f* | Bürger(in) |
| **clavar** *v* | hier: feststecken; (fest)nageln |
| **cobarde** *m* | Feigling |
| **cobertizo** *m* | Schuppen |
| **cobertura** *f* | Empfang (Handy) |
| **coche** *m* **todoterreno** | Geländewagen |
| **codazo** *m* | Ellbogencheck |
| **coincidencia** *f* | Zufall |
| **cola** *f* **del avión** | Flugzeugheck |
| **colina** *f* | Hügel |
| **colorado** | rot |
| **comarca** *f* | Gegend, Landkreis |
| **comercio** *m* | Geschäft |
| **compañía** *f* | Gemeinschaft |

| | |
|---|---|
| **compañía** *f* **aérea** | Fluggesellschaft |
| **compañía** *f* **(de teatro)** | (Theater-)Truppe, Ensemble |
| **compasivo** | mitfühlend |
| **comprobar** *v irr* | (über)prüfen |
| **concejal** *m, f* **(de urbanismo)** | Abgeordnete(r) (für Städteplanung) |
| **condenar** *v* **a muerte** | zu Tode verurteilen |
| **conquistador** *m* | Eroberer |
| **conquistar** *v* | erobern; verführen |
| **conquista** *f* **romana** | römische Eroberung |
| **conseguir** *v irr* | erreichen; erhalten |
| **contemplar** *v* | betrachten |
| **contrabando** *m* | Schmuggel |
| **convencer** *v irr* | überzeugen |
| **convencido** | überzeugt |
| **convicción** *f* | Überzeugung |
| **cordel** *m* | Schnur, Strick |
| **corrompido** | korrupt |
| **cotillear** *v* | tratschen |
| **cripta** *f* | Krypta |
| **cuerda** *f* | Schnur, Strick |
| **culpable** | schuldig |
| **culpable** *m, f* | Schuldige(r) |
| **cultivo** *m* | hier: Weinanbau |
| **cumplido** *m* | Kompliment |
| **cúpula** *f* | Kuppel |
| **dar** *v irr* **con una noticia** | hier: eine Information (im Internet) finden |
| **dar** *v irr* **el pésame** | Beileid aussprechen |
| **dar** *v irr* **la espalda a alguien** | jmd. den Rücken zudrehen, sich abwenden |

| | |
|---|---|
| **darse** *v irr* **cuenta (de)** | (etw.) bemerken |
| **darse** *v irr* **la vuelta** | sich umdrehen |
| **darse** *v irr* **prisa** | sich beeilen |
| **d. C. (después de Cristo)** | n. Chr. |
| **de espaldas a** | mit dem Rücken zu |
| **decepción** *f* | Enttäuschung |
| **decepcionado** | enttäuscht |
| **decidido** | entschlossen |
| **decidir** *v* | entscheiden |
| **decís vos** | du sagst (Argentinien) |
| **dehesa** *f* | Weide, Koppel |
| **de mala gana** *fam* | widerwillig, ungern |
| **dentro de lo que cabe** | im Rahmen des Möglichen |
| **denunciar** *v* | anzeigen, verraten |
| **de paso** | nebenbei, bei der Gelegenheit |
| **deprisa** | eilig, schnell |
| **desafiante** | herausfordernd |
| **desagradable** | unangenehm |
| **desaparecer** *v irr* | verschwinden |
| **desaparecido** | verschwunden |
| **desaparición** *f* | Verschwinden |
| **desatarse** *v* | sich losbinden |
| **descender** *v irr* | (her)absteigen, herunterkommen |
| **desconfianza** *f* | Misstrauen |
| **descorchar** *v* | entkorken |
| **descubierto** | entdeckt, ertappt |
| **descubrimiento** *m* | Entdeckung, Enthüllung |
| **descubrir** *v* | entdecken, aufdecken |
| **descuidado** | nachlässig, ungepflegt |
| **desnudo** | nackt |

| | |
|---|---|
| **despacho** *m* | Sprechzimmer, Büro |
| **despedir** *v irr* | hier: entlassen; verabschieden |
| **despegar** *v* | abheben (Flugzeug) |
| **despierto** | wach |
| **desviar** *v* **la atención** | die Aufmerksamkeit ablenken |
| **detener** *v irr* | festhalten, festnehmen |
| **detenido/a** *m, f* | Häftling |
| **distinguir** *v* | unterscheiden |
| **duda** *f* | Zweifel |
| **dudar** *v* | (an)zweifeln; zögern |
| **echar** *v* **de menos** | vermissen |
| **embalse** *m* **de Proserpina** | Proserpina-Talsperre (aus römischer Zeit) |
| **embarcar** *v* | an Bord gehen |
| **embarque** *m* | Einsteigen, An-Bord-Gehen |
| **emeritense** *m, f* | Einwohner(in) von Mérida |
| **empleado/a** *m, f* | Beschäftigte(r) |
| **empresario/a** *m, f* | Unternehmer(in) |
| **empujar** *v* | stoßen, drücken |
| **encajar** *v* | zusammenpassen, sich zusammenfügen |
| **en cambio** | demgegenüber, jedoch |
| **encapuchado** | vermummt |
| **encargarse** *v* | sich kümmern |
| **encerrado** | eingesperrt, eingeschlossen |
| **encerrar** *v irr* | einsperren |
| **encima** *fam* | außerdem |
| **encina** *f* | Steineiche |
| **encontrarse** *v* **con/a** | (sich) treffen mit/auf |
| **en efecto** | tatsächlich |
| **enfadado** | verärgert |

| | |
|---|---|
| **enfadarse** *v* | sich ärgern |
| **engañar** *v* | betrügen |
| **enloquecer** *v irr* | verrückt werden, den Verstand verlieren |
| **ennegrecido** | schwärzlich, schwarz angelaufen |
| **enrojecer** *v irr* | erröten |
| **enterarse** *v* **(de)** | (etw.) erfahren |
| **enterrar** *v irr* **(el cadáver)** | (den Leichnam) beisetzen, jmd. beerdigen |
| **entierro** *m* | Begräbnis |
| **en toda regla** | wahrhaftig, in der Tat |
| **entrega** *f* | Lieferung |
| **envenenado** | vergiftet |
| **en vez de** | anstelle von, anstatt |
| **enviar** *v* | (zu)senden |
| **envidia** *f* | Neid |
| **equipaje** *m* **de mano** | Handgepäck |
| **equivocarse** *v* | sich irren |
| **ermita** *f* | Kapelle |
| **ermitaño** *m* | Eremit |
| **escalofrío** *m* | Schauder |
| **escaparate** *m* | Schaufenster |
| **escapatoria** *f* | Entrinnen |
| **escepticismo** *m* | Skepsis |
| **esconder** *v* | verstecken |
| **escondido** | versteckt |
| **escondite** *m* | Versteck, Schlupfwinkel |
| **espalda** *f* | Rücken |
| **esquizofrenia** *f* | Schizophrenie |
| **estar** *v irr* **de espaldas a alguien** | mit dem Rücken zu jmd. stehen |

| | |
|---|---|
| **estar** *v irr* **harto de** | etw. satt haben |
| **estar** *v irr* **fuera de lugar** | fehl am Platz sein, unangebracht sein |
| **eternidad** *f* | Ewigkeit |
| **exagerar** *v* | übertreiben |
| **excepcional** | außergewöhnlich |
| **excusa** *f* | Ausrede |
| **exigir** *v* **algo (de alguien)** | etw. (von jmd.) verlangen; (jmd.) etw. abverlangen |
| **explorar** *v* **otras posibilidades** | weitere Möglichkeiten nutzen |
| **expulsar** *v* | vertreiben |
| **extendido** | ausgebreitet |
| **extrañado** | verwundert |
| **extrañarse** *v* | sich wundern |
| **extraño** | seltsam, komisch |
| **facturación** *f* | Check-in |
| **facturar** *v* | (Gepäck) aufgeben, einchecken |
| **fantasma** *m* | Gespenst, Geist |
| **faro** *m* | Scheinwerfer |
| **fijamente** | aufmerksam, sehr genau |
| **fijarse** *v* **(en)** | (auf etw.) achten, etw. bemerken |
| **flojo** | kraftlos, locker |
| **frazada** *f* | (Woll-)Decke |
| **fundir** | gründen |
| **gabardina** *f* | Trenchcoat |
| **gesto** *m* **de disgusto** | Geste der Verärgerung |
| **grabación** *f* | Aufnahme |
| **gruñir** *v* | grunzen, knurren |
| **Guerra** *f* **Civil** | Spanischer Bürgerkrieg (1936–1939) |
| **guiarse** *v* **por** | sich nach etw. richten |

| | |
|---|---|
| **hacer** *v irr* **caso** | beachten; gehorchen |
| **hacer** *v irr* **gracia** | Spaß machen, gefallen |
| **hada** *f* | Fee |
| **halagado** | geschmeichelt |
| **hasta** | hier: sogar; bis |
| **helicóptero** *m* | Hubschrauber |
| **hierbas** *f, pl* | hier: Gräser; Kräuter |
| **hogar** *m* | Heim |
| **hombro** *m* | Schulter |
| **humilde** | bescheiden; einfach |
| **iluminar** *v* **con sabiduría** | mit Wissen erhellen |
| **impaciente** | ungeduldig |
| **impacientarse** *v* | die Geduld verlieren |
| **impedir** *v irr* | abhalten |
| **impermeable** *m* | Regenmantel |
| **imprescindible** | unerlässlich |
| **inconveniente** *m* | Schwierigkeit, Hindernis |
| **incredulidad** *f* | Ungläubigkeit |
| **indicio** *m* | Spur, Indiz |
| **ininteligible** | unverständlich |
| **insistir** *v* | bestehen auf, insistieren |
| **intentar** *v* | versuchen |
| **intento** *m* **de asesinato** | Mordversuch |
| **internar** *v* | einweisen |
| **interno/a** *m, f* | Insasse, Insassin |
| **interrogatorio** *m* | Befragung, Verhör |
| **involucrar** *v* | überreden, verwickeln |
| **ir** *v irr* **a por algo** | etw. holen gehen |
| **irresistible** | unwiderstehlich |
| **jinete** *m* | Reiter |
| **junta** *f* **directiva** | Vorstand |

| | |
|---|---|
| **jurar** *v* | schwören |
| **justicia** *f* **cósmica** | Jüngster Tag, kosmisches Gericht |
| **labio** *m* | Lippe |
| **lancha** *f* | Boot, Kahn; Motorboot |
| **levantarse** *v* **a alguien** *fam* | jmd. anmachen (Argentinien) *fam* |
| **ligar** *v, fam* | jmd. anmachen (Spanien) *fam* |
| **ligero** | leicht |
| **linterna** *f* | Taschenlampe |
| **listillo/a** *m, f, fam* | Schlitzohr *fam* |
| **llamativo** | auffällig |
| **llanura** *f* | Flachland |
| **llevarse** *v* **la contraria** | widersprechen |
| **localizador** *m* **vía satélite** | GPS-Gerät |
| **locura** *f* | Irrsinn |
| **lograr** *v* | schaffen, erreichen |
| **lujoso** | luxuriös |
| **magnífico** | ausgezeichnet |
| **mala suerte** *f* | Pech |
| **maldito** | verdammt |
| **maleducado** | flegelhaft, schlecht erzogen |
| **maletero** *m* | Kofferraum, Gepäckfach |
| **malicia** *f* | Bosheit |
| **manada** *f* | Herde |
| **manifestación** *f* | Demonstration |
| **maquilladora** *f* | Visagistin |
| **mariscos** *m, pl* | Meeresfrüchte |
| **matrícula** *f* | Autokennzeichen |
| **medida** *f* **de seguridad** | Sicherheitsmaßnahme |
| **melón** *m, fam* | hier: Dummkopf *fam* |
| **mercancía** *f* | Ware |

| | |
|---|---|
| **merecido** | verdient |
| **miembro** *m* | Mitglied |
| **mirar** *v* **a alguien de reojo** | jmd. schief ansehen |
| **mocoso/a** *m, f, fam* | Grünschnabel *fam*, Dreikäsehoch *fam* |
| **molestar** *v* | belästigen, stören |
| **molesto** | unbehaglich, lästig |
| **montadito** *m* | kleine belegte Brotschnitte |
| **mordaza** *f* | großer Biss; Knebel |
| **mostrador** *m* | Schalter |
| **mostrar** *v irr* **señas de** | Anzeichen von etw. zeigen |
| **muñeca** *f* | Handgelenk |
| **murmullo** *m* | Murmeln |
| **murmurar** *v* | murmeln |
| **narcotráfico** *m* | Drogenhandel |
| **no salir** *v irr* **con vida** | nicht überleben |
| **nudo** *m* | Knoten |
| **obedecer** *v irr* | gehorchen |
| **obediencia** *f* **absoluta** | absoluter Gehorsam, Hörigkeit |
| **obispo** *m* | Bischof |
| **obligación** *f* | Pflicht |
| **observador/a** *m, f* | Beobachter(in) |
| **obstáculo** *m* | Hindernis |
| **ocurrirse** *v* | einfallen |
| **ofender** *v* | kränken, beleidigen |
| **ofendido** | gekränkt, beleidigt |
| **oficina** *f* **del censo** | Meldeamt |
| **ofrecer** *v irr* | anbieten |
| **olla** *f* | Pfanne |
| **orgulloso** | stolz, hochnäsig |
| **orilla** *f* | Ufer |

| | |
|---|---|
| **Páginas Amarillas** *f, pl* | Gelbe Seiten |
| **pálido** | blass |
| **palmeral** *m* | Palmenhain |
| **palo** *m* | Stab |
| **papel** *m* | hier: Rolle; Papier |
| **parecerse** *v irr* a | ähnlich sein, jmd. ähneln |
| **parecido** | ähnlich |
| **pareja** *f* | (Ehe-)Paar; Partner |
| **Parque** *m* **Natural (Protegido)** | Naturschutzgebiet |
| **participar** *v* | an etw. teilnehmen, teilhaben |
| **pasadizo** *m* | Durchgang |
| **pasarse** *v, fam* | zu weit gehen *fig* |
| **paso** *m* | Schritt |
| **patrimonio** *m* **público** | Gemeingut |
| **pedazo** *m* | Stück |
| **pedregoso** | steinig |
| **pegar** *v* **un tiro** | schießen |
| **pelirrojo** | rothaarig |
| **peregrino/a** *m, f* | Pilger(in) |
| **perseguir** *v irr* | verfolgen |
| **perturbado/a** *m, f, fam* | Geistesgestörte(r) *fam* |
| **pesado/a** *m, f, fam* | Langweiler(in), Nervensäge *fam* |
| **pesca** *f* | Angeln, Fischen; Fang |
| **pescador/a** *m, f* | Angler(in) |
| **pescar** *v irr* | hier: fischen; greifen |
| **pese a todo** | nichtsdestotrotz |
| **piel** *f* | Haut |
| **pijo** *m* | Snob |
| **pino** *m* | Pinie; Kiefer |
| **pista** *f* | Spur, Fährte |
| **pizarra** *f* | hier: Schiefer; Tafel |

| | |
|---|---|
| **placa** *f* | Schild |
| **poner** *v irr* **rumbo a** | eine Route einschlagen, Kurs nehmen auf |
| **poner** *v irr* **las esposas** | die Handschellen anlegen |
| **por desgracia** | leider |
| **por equivocación** | aus Versehen |
| **¿Por quién me tomas?** *fam* | Für wen hältst du mich? *fam* |
| **portada** *f* | Titelbild, -seite |
| **portafolios** *m* | Aktenkoffer |
| **portal** *m* | (Haus-)Tor, (Haus-)Eingang |
| **pradera** *f* | Wiese |
| **precaución** *f* | Vorsicht |
| **preocupación** *f* | Besorgnis |
| **preocupado** | besorgt |
| **preocuparse** *v* | sich Sorgen machen |
| **presentimiento** *m* | Vorahnung |
| **prestigioso** | angesehen |
| **propietario/a** *m, f* | Eigentümer(in) |
| **prueba** *f* | Beweis |
| **puerta** *f* **de embarque** | Gate (Flughafen) |
| **pulpo** *m* | Krake |
| **puñetazo** *m* | Fausthieb |
| **rábida** *f* **(califal)** | muslimische Festung, festungsähnliches Kloster (eines Kalifen) |
| **rastrear** *v* | durchkämmen (Gebiet) |
| **recalificar** *v* | neu bewerten, neu qualifizieren |
| **recibo** *f* **de compra** | Kassenbon, Kaufbeleg |
| **recompensa** *f* | Belohnung |
| **recorrer** *v* | entlanggehen, -laufen, durchqueren |

| | |
|---|---|
| **recorrido** *m* | Strecke, Weg |
| **reflexionar** *v* | nachdenken |
| **refuerzo** *m* | Verstärkung |
| **resistir** *v* | widerstehen |
| **resolver** *v irr* | lösen |
| **restablecer** *v irr* | wiederherstellen |
| **retar** *v, fam* | schelten, ausschimpfen |
| **retirado** | in Rente, pensioniert |
| **retirarse** *v* | hier: in Rente gehen; sich zurückziehen |
| **reunión** *f* | Versammlung, Sitzung |
| **riego** *m* | Bewässerung, Gießen |
| **rifle** *m* | Gewehr |
| **¡Ríndanse!** | Ergebt euch! |
| **romper** *v* **con alguien** *fam* | mit jmd. Schluss machen *fam* |
| **rostro** *m* | Gesicht, Antlitz |
| **rueda** *f* **de prensa** | Pressekonferenz |
| **ruido** *m* | Krach, Geräusch |
| **rumbo** *m* | Kurs, Fahrtrichtung |
| **Santa Compaña** *f* | Heilige Gefolgschaft, Totenprozession (im galizischen Volksglauben) |
| **santiguarse** *v* | sich bekreuzigen |
| **secuestrador/a** *m, f* | Entführer(in) |
| **secuestrar** *v* | entführen |
| **secuestro** *m* | Entführung |
| **sendero** *m* | Fußweg, Pfad |
| **señal** *f* | Spur; Signal, Schild; Andeutung, Zeichen |
| **separarse** *v* | sich trennen |
| **serio** | ernst |

| | |
|---|---|
| **sermón** *m* | Sermon *fig*, dummes Gerede |
| **(en el) siglo I** | (im) 1. Jahrhundert |
| **sin duda** | allerdings, ohne Zweifel |
| **siniestro** | unheimlich |
| **sollozo** *m* | Schluchzen |
| **sonrojarse** *v* | erröten |
| **soportar** *v* | aushalten, ertragen |
| **sorprender** *v* | überraschen, erstaunen |
| **sorprendido** | erstaunt |
| **sospecha** *f* | Verdacht |
| **sospechar** *v* | vermuten |
| **sospechoso** | verdächtig |
| **sospechoso/a** *m, f* | Verdächtige(r) |
| **sótano** *m* | Keller |
| **suave** | weich |
| **subrayado** | unterstrichen |
| **sudario** *m* | Schweißtuch |
| **sueldo** *m* | Lohn, Gehalt |
| **supersticioso** | abergläubisch |
| **suponer** *v irr* **(que)** | annehmen, (dass); vermuten |
| **susurrar** *v* | flüstern |
| **susurro** *m* | Flüstern |
| **talla** *f* | Größe |
| **tapa** *f* | Deckel; Bucheinband |
| **tardar** *v* | dauern |
| **tarjeta** *f* **de embarque** | Bordkarte |
| **temblar** *v irr* | zittern |
| **tener** *v irr* **los pies en el suelo** *fig* | mit beiden Beinen auf dem Boden stehen *fig*, realistisch sein |
| **tener** *v irr* **que ver con** | zu tun haben mit |

| | |
|---|---|
| **tener** *v irr* **una cuenta pendiente con alguien** *fig* | mit jmd. noch eine Rechnung offen haben *fig* |
| **tirador** *m* | (Tür-)Griff |
| **torres** *f, pl* **almenadas** | zinnenbesetzte Türme |
| **total que** *fam* | also, infolgedessen |
| **traer** *v irr* **algo entre manos** *fam* | etw. im Schilde führen *fig* |
| **tramo** *m* | Abschnitt |
| **tranquilizante** *m* | Beruhigungsmittel |
| **transmitir** *v* **sus condolencias** | sein Beileid aussprechen |
| **tronco** *m* | Stumpf, Baumstamm |
| **tutear** *v* | duzen |
| **últimamente** | in letzter Zeit |
| **unir** *v* | vereinen, verbinden, hinzufügen |
| **vagar** *v* | umherirren |
| **valer** *v* **la pena** | sich lohnen |
| **valioso** | wertvoll |
| **valla** *f* | Zaun |
| **venda** *f* | Binde |
| **vengar** *v* | rächen |
| **verja** *f* | Zaun |
| **vestuario** *m* | Garderobe |
| **vida** *f* **diaria** | Alltag |
| **viga** *f* | Balken |
| **vigilado** | bewacht |
| **vigilar** *v* | bewachen |
| **vista** *f* | hier: Sehkraft; Sicht |
| **vistoso** | hier: kleidsam; ansehnlich |
| **volverse** *v irr* **(hacia)** | sich (zu jmd.) umdrehen |
| **votación** *f* | Abstimmung |
| **zona** *f* **residencial** | Wohngebiet |